Teoría del Apego

Manual de Trabajo

Título original: The Attachment Theory Workbook: Powerful Tools to Promote Understanding, Increase Stability, and Build Lasting Relationships
Traducido del inglés por Teresa Gómez Herrera
Diseño de portada: Editorial Sirio, S.A.
Maquetación: Toñi F. Castellón

© de la edición original
2019 de Callisto Publishing LLC

Publicado inicialmente en inglés por Althea Press, un sello de Callisto Media, Inc.

© de la presente edición
EDITORIAL SIRIO, S.A.
C/ Rosa de los Vientos, 64
Pol. Ind. El Viso
29006-Málaga
España

www.editorialsirio.com
sirio@editorialsirio.com

I.S.B.N.: 978-84-19685-29-2
Depósito Legal: MA-1885-2024

Impreso en Imagraf Impresores, S. A.
c/ Nabucco, 14 D - Pol. Alameda
29006 - Málaga

Impreso en España

Puedes seguirnos en Facebook, Twitter, YouTube e Instagram.

ANNIE CHEN

Teoría del Apego

Manual de Trabajo

Herramientas Eficaces para promover
la Comprensión, aumentar la Estabilidad y
Construir Relaciones Duraderas

EDITORIAL
SIRIO

Dedico este libro a mi amiga Annie Millar,
cuya sabiduría y alegría inspiraron muchos
viajes de descubrimiento llenos de asombro.

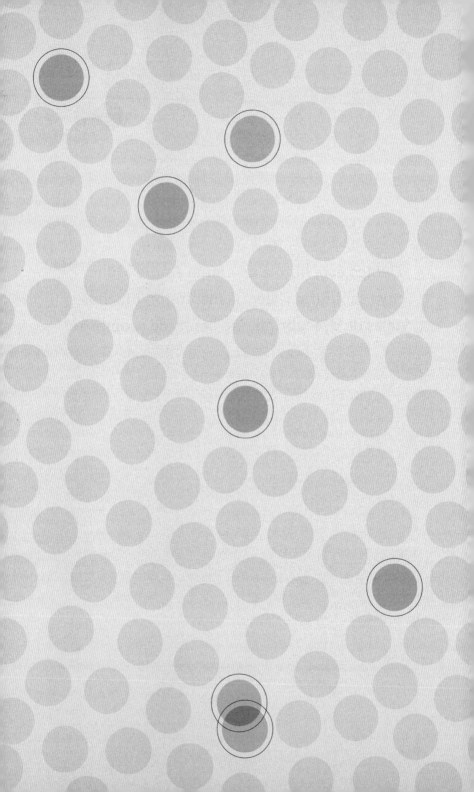

Índice

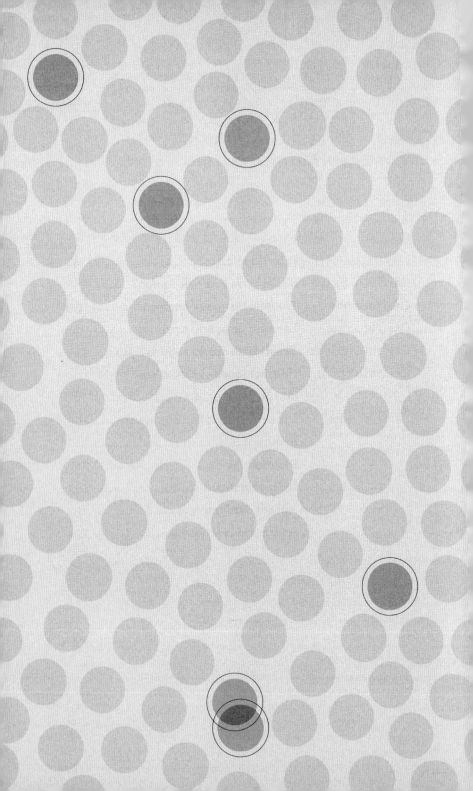

Introducción

¿Qué quieres obtener de tus relaciones más cercanas? ¿Lo estás consiguiendo? Si eres como la mayoría, las respuestas a estas preguntas podrían no ser evidentes. Este cuaderno de ejercicios, basado en un área de la psicología llamada *teoría del apego,* está diseñado para ayudarte a responder a estas preguntas y trabajar para construir relaciones más seguras y duraderas con quienes más te importan.

Como terapeuta que trabaja con parejas, he visto cómo se manifiestan las ideas de la teoría del apego y sé de primera mano el poder que las herramientas incluidas en este libro tienen para sanar y acercar a las personas. Pero este libro no es solo para parejas; puedes utilizar los ejercicios y cuestionarios para comprender mejor cualquier relación significativa, ya sea con una madre, un hermano o una amiga cercana. Todos los ejercicios y las estrategias que presento aquí están respaldados por pruebas y experiencia; se ha comprobado su efectividad en numerosos casos. Mi deseo es que cuando termines de trabajar con este libro, ya sea por tu cuenta, con un ser querido o de ambas formas, te entiendas mejor a ti y a aquellos que te importan. Con las nuevas habilidades que aprenderás aquí y compartirás con tus seres queridos, podrás comenzar el camino hacia relaciones más saludables, íntimas y seguras. Eso, creo, es lo que todos deseamos en última instancia.

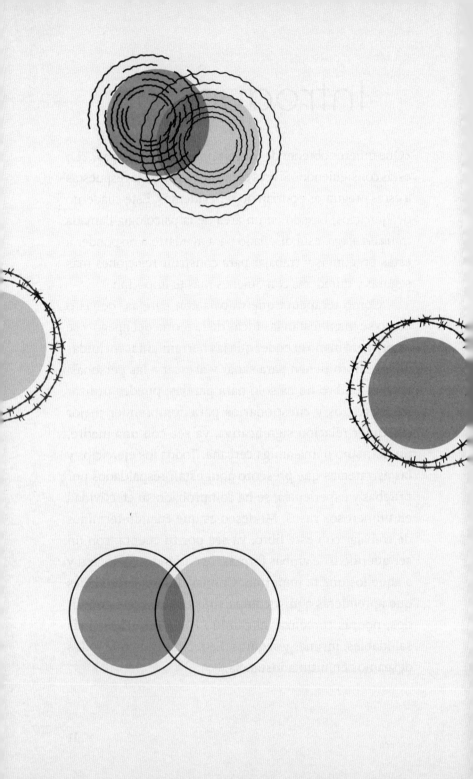

CAPÍTULO UNO

¿Cuál es tu estilo de apego?

¿Qué esperas de tus relaciones?

En tu vida adulta, es probable que hayas tenido decenas de relaciones importantes a lo largo de los años. No me refiero solo a relaciones románticas, sino también a relaciones con padres, hermanos, amigos y mentores. De todas esas conexiones emocionales significativas, ¿cuántas han sido verdaderamente satisfactorias, seguras y duraderas? Quizás no tantas como te gustaría. Pero ¿qué pasaría si te dijera que hay una manera de abordar las relaciones cercanas que garantizaría una intimidad segura y duradera? ¿Experimentarías el mundo y te acercarías a la intimidad de forma diferente si sintieras que la seguridad en tus relaciones está garantizada? Resulta que nuestro sentido de seguridad en las relaciones con los demás, lo que los psicólogos llaman *estilo de apego*, es un factor determinante en el éxito o el fracaso de esas relaciones. Este cuaderno de ejercicios, basado en los conocimientos fundamentales de la teoría del apego, está diseñado para ayudarte a descubrir tu propio estilo de apego y el de tus seres queridos, con el objetivo de aprender formas más saludables de relacionarte con las personas más importantes de tu vida.

En los últimos diez años, he trabajado con cientos de parejas en mi consulta privada, y casi siempre se presentan de una forma u otra cuestiones relacionadas con el estilo de apego. Lo que aprendí en la universidad cobra vida en los desafíos a los que se enfrentan estas parejas. Las herramientas y enseñanzas presentadas en este libro son el resultado de toda esa experiencia, y los ejercicios están diseñados para guiarte hacia tu propia comprensión personal de las experiencias que tienes en las relaciones y ayudarte a alcanzar el tipo de seguridad que se encuentra en las que son más satisfactorias.

Si eres como la mayoría, recuerdas algunas de tus relaciones importantes con cariño, pero también hay arrepentimientos: ya sea por cosas que no hiciste bien o por momentos en los que los demás no estuvieron a la altura. No puedes cambiar el pasado, pero la buena noticia es que puedes cambiar los *patrones* de tu pasado que no te hacen bien. No es necesario tener padres perfectos ni un historial de relaciones impecable para crear vínculos duraderos y seguros. El único requisito para comenzar el camino hacia la seguridad y la intimidad es tu disposición a observar honestamente tu propio comportamiento y creer que puedes cambiar. Existen muchas evidencias de que invertir esfuerzo en desarrollar tus relaciones tiene recompensas. Los estudios demuestran que tener relaciones cercanas y significativas tiene que ver con una mejor salud, una mayor capacidad de recuperación y más felicidad en general en la vida. Considera el trabajo que harás con este libro como una inversión en un futuro más saludable y seguro.

> Nota sobre la violencia en las relaciones: Este cuaderno de ejercicios puede beneficiar a cualquier persona que desee obtener conocimientos sobre las relaciones, pero si existe violencia en alguna de tus relaciones, no recomiendo este libro por sí solo como solución. Aunque algunos comportamientos violentos pueden ser el resultado de problemas de apego, generalmente hay mucho más en juego que requerirá ayuda especializada. Te ruego que abordes estos problemas con un terapeuta o un abogado. Si te encuentras actualmente en una relación violenta, busca el apoyo que necesitas. Una forma de empezar es llamar a la línea de ayuda contra la violencia doméstica: **1-800-799-7233**.*

---

* N. de la T.: El teléfono corresponde a Estados Unidos, cada país cuenta con sus propias opciones equivalentes. En España para violencia de género sería el 016 y en el caso de violencia doméstica existen varias asociaciones, ANAVID entre otras, en cuya web ofrecen varias vías de contacto.

¿Quién es importante para ti?

Comencemos por identificar las relaciones importantes en tu vida. Son las relaciones de las cuales deseas obtener los mayores beneficios a través del trabajo que hagas aquí, aquellas que más te gustaría fortalecer.

En la tabla siguiente…

1. Escribe los nombres de las cinco personas más importantes en tu vida.
2. Indica lo importante que es la relación para ti, del 1 al 10 (10 = más importante).
3. Indica lo estresante que es la relación en tu vida, del 1 al 10 (10 = más estresante).
4. Finalmente, ordena la lista comenzando con el número 1 para la relación en la que más deseas trabajar para mejorarla.

Nombre de la persona	¿Quién es para ti? ¿Por qué es una persona valiosa en tu vida?	¿Importante? (1–10)	¿Estresante? (1–10)	Prioridad de mejora (1–5)

Valores en las relaciones

Con esas personas en mente, piensa lo que realmente deseas de tus relaciones. Al final de tu vida, se te recordará por cómo trataste a quienes son importantes para ti. Imagina que te rodean todas las personas que amas y que están reflexionando sobre las cualidades positivas que fomentaste en tus relaciones con ellas. ¿Qué te gustaría que dijeran? Escribe estos valores positivos a continuación (por ejemplo, sinceridad, humor, apoyo…) y, después, califícate sobre cuánto expresas estas cualidades *actualmente* del 1 al 5. El 1 significa que tienes mucho que mejorar y el 5 que estás muy satisfecho.

Las cinco cualidades y valores positivos que quiero cultivar en mis relaciones más importantes son:

1. _____ 1 2 3 4 5

2. _____ 1 2 3 4 5

3. _____ 1 2 3 4 5

4. _____ 1 2 3 4 5

5. _____ 1 2 3 4 5

Antes de adentrarnos en tus relaciones, veamos cómo son los diferentes tipos de conexión o apego que podemos tener en nuestras relaciones cercanas. Quizás hayas oído hablar del estilo de apego e incluso hayas visto algún cuestionario de autoayuda para clasificarte en una categoría. Los estilos de apego se basan en investigaciones psicológicas. A continuación encontrarás un resumen rápido.

¿Qué es la teoría del apego?

Los investigadores John Bowlby y Mary Ainsworth fueron los que comenzaron a desarrollar la base de lo que se convertiría en la teoría del apego a mediados del siglo xx. Su teoría original sostiene que los bebés se desarrollan mejor, tanto social como emocionalmente, cuando establecen un vínculo cercano con un cuidador principal al que se le da bien interpretar sus señales y responder a sus necesidades de manera cálida, sensible y oportuna. En la época en que Bowlby y Ainsworth estaban desarrollando su teoría, el cuidador principal solía ser la madre. Los bebés que desarrollan este tipo de vínculo crecen confiando en que los demás pueden ayudarlos a sentirse seguros, cuidados y apoyados en el mundo. Esta premisa básica ha sido respaldada por más de sesenta años de investigación sobre el apego y por expertos en neurociencia, psiquiatría, traumatología y pediatría.

Los investigadores del apego descubrieron que podían categorizar la calidad de las relaciones que los bebés tenían con sus cuidadores principales al observar cómo respondían estos bebés a situaciones estresantes cotidianas. Agruparon las respuestas en tres categorías distintas de apego: *seguro, inseguro ansioso* e *inseguro evitativo*.

Los primeros investigadores observaron que, cuando estaban bajo estrés, los bebés con apego *seguro* mostraban su malestar de una manera observable, pero su respuesta no era excesiva. Estos bebés parecían estar relajados al buscar ayuda y, con frecuencia, tenían interacciones con sus cuidadores que los conducían a estar más tranquilos y listos para superar el evento estresante.

Los bebés con un apego *inseguro ansioso* tendían a responder a los mismos eventos estresantes con llanto y malestar más extremos. Buscaban a su cuidador, pero también parecían rechazar los intentos de este de brindarles alivio. En estos bebés ansiosos, los investigadores observaron interacciones más difíciles que no resultaban en un bebé completamente calmado.

Los bebés con un apego *inseguro evitativo* eran menos propensos a llorar durante situaciones estresantes y parecían indiferentes a buscar ayuda de sus cuidadores. A simple vista, estos bebés parecían estar bien, pero los investigadores descubrieron más tarde que las hormonas de estrés elevadas en sus cuerpos contaban una historia diferente: estaban afectados por el estrés, pero no lo mostraban.

No te sorprenderá saber que los bebés se convierten en adultos que desarrollan versiones de estos vínculos seguros, ansiosos y evitativos fácilmente identificables en sus relaciones. Por supuesto, las relaciones adultas implican mucha más complejidad, pero casi siempre se reduce a esto: cuando nos acercamos a alguien y confiamos en esa persona, en momentos de estrés se revela nuestro verdadero estilo de apego.

Una evaluación completamente precisa de tu estilo de apego es más complicada que esto pero, si piensas en tus relaciones más cercanas, probablemente puedas obtener una idea básica. Piensa en las relaciones cercanas que has tenido con tus parejas o amistades a largo plazo. En el transcurso de esas relaciones, es probable que te hayas enfrentado con una variedad de situaciones estresantes. En momentos de estrés, si generalmente esperas poder contar con estas personas para recibir ayuda y consuelo, tienes un estilo de apego seguro. Pero digamos que te enfrentas al estrés y no tienes esta expectativa natural de seguridad y apoyo. Tal vez no estés seguro* de que estas personas te ayudarán y no sientes que puedas contar con ellas de la manera que necesitas. Si has desarrollado un estilo de apego inseguro, ya sea ansioso o evitativo, es más probable que temas ser abandonado o abrumado por la otra persona. Como resultado, es menos probable que te involucres de una manera que te haga sentir mejor. Por lo general, cada individuo tiene un estilo de apego característico que se mantiene constante en sus relaciones cercanas. Aquellos con un apego seguro suelen sentir que los demás están ahí para ellos; por otro lado, aquellos con cualquiera de los estilos de apego inseguro pueden observar su historial de relaciones y ver una serie de relaciones insatisfactorias y, quizás, acciones lamentables.

---

* N. de la T.: Por razones prácticas, se ha utilizado el masculino genérico en la traducción del libro. Dada la cantidad de información y datos que contiene, la prioridad al traducir ha sido que la lectora y el lector la reciban de la manera más clara y directa posible.

Después de leer las descripciones de los estilos seguro, ansioso y evitativo, es posible que pienses: «¡Quiero el estilo seguro!». Desde luego, hay buenas razones para pensar así. A la hora de relacionarse, los que tienen un estilo seguro tienden a sentir mayor seguridad emocional con las personas cercanas, están más dispuestos a colaborar y son más resilientes en situaciones de conflicto. Pero incluso ellos, bajo ciertas circunstancias, pueden caer en formas menos adaptativas de relacionarse.

Sin importar las tendencias y el estilo de apego que hayas desarrollado hasta este momento, no estás limitado a esos comportamientos; tu pasado no tiene por qué dictar tu futuro. A partir de ahora, puedes construir relaciones más sólidas. Este cuaderno de ejercicios te ayudará a...

- reconocer los patrones y comportamientos específicos relacionados con el apego que tenéis tú y tus seres queridos, especialmente en situaciones estresantes o exigentes;
- aprender nuevas herramientas y prácticas para evitar que los conflictos se agraven, y restablecer la seguridad y la conexión;
- abandonar los viejos patrones de comportamiento poco útiles y empezar a actuar de maneras que te lleven a las conexiones duraderas que deseas.

Si adquieres estas habilidades, podrás pasar más tiempo disfrutando de lo que amas de las personas que te importan y podrás cultivar vínculos íntimos y duraderos con ellas. Y, en momentos de dificultad y estrés, tendrás recursos a los que podrás recurrir cuando los necesites.

¿Para qué se emplea la teoría del apego?

Como terapeuta de relaciones, presto mucha atención a los estilos de apego de mis clientes, ya que la teoría del apego me brinda una forma eficaz no solo de identificar comportamientos que dificultan una relación específica, sino también de ver el patrón que indica cómo y por qué estos comportamientos se presentan en diferentes relaciones, tanto en el pasado como en el presente.

¿Este estilo de apego aprendido en una etapa temprana determina *todas* las relaciones *todo* el tiempo? ¡Por supuesto que no! Sin embargo, las relaciones que se ven más afectadas por nuestras experiencias tempranas son a menudo las más significativas, es decir, las relaciones a largo plazo en las que confiamos para recibir apoyo emocional. Las personas de nuestra vida cuyos roles se asemejan más a los que nuestros padres desempeñaron cuando éramos jóvenes, tales como proveedor de cuidados, apoyo y admiración, son las más afectadas por el estilo de apego. Las parejas románticas suelen estar en esta categoría y, por lo tanto, son candidatas ideales para repetir esos patrones habituales que aprendimos en la infancia. Pero también es posible que los patrones de apego se manifiesten con otras personas, tales como amigos cercanos, familiares, jefes y otras figuras de autoridad, colegas y colaboradores.

El estilo de apego es básicamente un mapa de las suposiciones fundamentales sobre la seguridad y la confianza. Aunque parezca algo sencillo, el estilo de apego puede tener consecuencias de gran alcance. La seguridad y la confianza a menudo determinan si puedes colaborar, dar y recibir apoyo, y gestionar los conflictos adecuadamente, por lo que la teoría del apego nos proporciona un esquema simple para comprender los elementos básicos que cada persona aporta a los cimientos de una relación.

Descubre tu estilo de apego

Antes de que realices el cuestionario para averiguar tu estilo de apego personal, quiero enfatizar que es una herramienta para ayudarte a analizarte a ti mismo y tus relaciones. No se trata de un diagnóstico oficial de ningún tipo ni te dirá nada definitivo sobre ti o sobre otras personas, porque la gente real es más compleja de lo que se puede determinar en una sola evaluación. Con eso en mente, este cuestionario se basa en mi estudio de la teoría del apego, en la investigación psicológica y en mis años de experiencia clínica observando a mis clientes en sus relaciones más reveladoras.

Este cuestionario de dos partes te ayudará a comprender en qué lugar te encuentras en el espectro del apego. Cada parte evalúa un aspecto diferente del apego, y ambas son importantes para obtener una imagen matizada que te será más útil. Completa ambas partes de la evaluación, lo cual debería llevarte entre diez y quince minutos.

Cuestionario de apego

Comienza por pensar en una persona particularmente importante en tu vida y la relación que tienes con ella. Puede ser alguien con quien tienes una relación en este momento o la tuviste recientemente. A menos que se indique lo contrario, los términos *pareja* y *relación* se refieren a esta persona en particular.

Este cuestionario se ha adaptado a un formato interactivo en línea para que te resulte más cómodo. Si deseas realizarlo de forma anónima y obtener resultados y puntuaciones automáticas, visita www.attachmentquiz.com/quiz (web en inglés). Si contestas al cuestionario en línea, después de leer los resultados, ve directamente a «Cómo sacar el máximo partido a este libro», en la página 35.

1.ª PARTE: Inseguridad/seguridad en el apego

Esta parte del cuestionario explora cómo te sientes y piensas acerca de las relaciones. En primer lugar, abordarás los elementos relacionados con tus sentimientos (puntuación de inseguridad) y, después, los elementos relacionados con las cosas que piensas y haces para que tu relación sea segura (puntuación de seguridad).

ESCALA DE PUNTUACIÓN: *De acuerdo con esta escala, asigna una puntuación a cada una de las siguientes afirmaciones:*

0	1	2
Ocasionalmente	**A veces**	**Con frecuencia**

1. Puedo perder el sentido de quién soy en la relación. _____

2. Tengo tendencia a descuidarme en la relación. _____

3. Me comprometo a cosas que luego me provocan resentimiento. _____

4. Solo cuenta si mi pareja hace algo por mí porque quiere, no si tengo que pedirlo. _____

5. Cuando le pido algo a mi pareja y lo obtengo, aún puedo sentirme insatisfecho. _____

6. Me siento incomprendido por mi pareja. _____

7. Cuando mi pareja no cumple una promesa, me lo tomo de forma muy personal. _____

8. Me molesta que mi pareja perciba algo que hago como poco amoroso cuando mi intención es buena. _____

9. Me preocupa que mi pareja y yo seamos demasiado diferentes en esencia. _____

10. Me resulta muy difícil pedir ayuda. _____

11. Cuando pienso en mis padres, me cuesta imaginarlos mirándome con amor y orgullo. _____

12. Me molesta mucho cuando creo que hay algo injusto en la relación. _____

TOTAL Suma los números para obtener tu puntuación total de **inseguridad**: _____

Cómo interpretar tu puntuación de inseguridad

Con estas afirmaciones se analiza la forma en que respondes emocionalmente a la diferencia, la complejidad y el estrés de apego en las relaciones. Cuanto más alta sea tu puntuación de inseguridad, más probable es que las relaciones cercanas te abrumen.

14–24: Alta. Tienes dificultades con las relaciones íntimas hasta el punto de la inestabilidad. Cuando ocurre algo estresante, tiendes a asumir rápidamente que tu pareja está en tu contra y generalmente reaccionas de manera que esa suposición se cumple.

7–13: Moderada. Las relaciones cercanas pueden resultarte estresantes. Cuanto más confías en alguien, más confusas y agobiantes pueden volverse las cosas. A veces, el miedo al abandono o a sentirte atrapado puede parecer real, incluso cuando tu pareja te brinda garantías razonables.

0-6: Baja. Te sientes cómodo estando solo, pero das lo mejor de ti cuando tienes amor y apoyo en una relación.

Ahora pasamos de las cuestiones de inseguridad emocional a las formas en que trabajas activamente para lograr seguridad en tus relaciones. Estos elementos se refieren más a tus creencias y comportamientos que a la forma en que te sientes.

ESCALA DE PUNTUACIÓN: *De acuerdo con esta escala, asigna una puntuación a cada una de las siguientes afirmaciones:*

0	**1**	**2**
Ocasionalmente	**A veces**	**Con frecuencia**

1. Me resulta fácil equilibrar el tiempo que estamos separados y juntos en la relación. _____
2. Mi pareja puede cambiar y crecer según sea necesario y no es una amenaza. _____
3. Me resulta fácil comprometerme con mi pareja y respetar los compromisos. _____
4. Necesito a mi pareja tanto como ella a mí. _____
5. Si algo no funciona con mi pareja, puedo ser paciente y esperar a que se presente la solución adecuada. _____
6. Podemos tener conflictos aunque ninguno haga nada mal. _____
7. Le cuento todo a mi pareja. Si no menciono algo es porque estoy absolutamente seguro de que no le molestaría. _____

8. Cuando mi pareja y yo no estamos de acuerdo intento encontrar una solución beneficiosa para ambos. _____

9. Cuando dejo a un lado mis necesidades para poder escuchar plenamente a mi pareja, confío en que esas necesidades se abordarán en algún momento. _____

10. Puedo simplemente pedirle a mi pareja lo que quiero, y generalmente todo sale bien de una forma u otra. _____

11. Cuando discuto con mi pareja, tomo la iniciativa para arreglar las cosas. _____

12. Cuando han terminado mis relaciones pasadas, ha sido una decisión mutua y bien pensada. _____

TOTAL Suma los números para obtener tu puntuación total de **seguridad**: _____

Cómo interpretar tu puntuación de seguridad

Algo importante que debes entender sobre esta puntuación es que estas cosas se pueden aprender si no te resultan naturales. Aunque hayas obtenido una puntuación alta en la escala de inseguridad, *puedes* tener relaciones con un funcionamiento seguro.

18–24: Alta. Tus relaciones son un recurso para ti, y esto se debe en parte a que haces todo lo posible para asegurarte de que tú y tu pareja os cuidéis mutuamente. Por lo general, tomas siempre el camino más fácil cuando las personas no se comportan de la mejor manera. Independientemente de lo estresante que sea la situación, tratas de no involucrarte en esa dinámica. Una puntuación alta de seguridad combinada con una puntuación baja de inseguridad indica un estilo de apego seguro, que se abordará en el capítulo cuatro.

9–17: Moderada. Las relaciones son importantes para ti y haces todo lo posible por mostrar tu mejor versión. Incluso puedes saber exactamente cómo gestionar una relación difícil; pero cuando las cosas se vuelven estresantes, todo eso se desvanece. Sabes que puedes hacerlo mejor y que las relaciones de tu vida merecen el esfuerzo.

0–8: Baja. Has tenido dificultades para construir relaciones estables y seguras. La buena noticia es que, con información y práctica, puedes mejorar tu capacidad para cultivar relaciones saludables y más satisfactorias.

2.ª PARTE: Expresión de la inseguridad

Esta parte del cuestionario te ayudará a explorar con qué frecuencia expresas inseguridad en patrones ansiosos o evitativos. Aunque tus puntuaciones hasta ahora sugieran un estilo de apego seguro, todos respondemos al estrés de diferentes maneras, por lo que esta parte del cuestionario es para todos. Cada elemento presenta dos opciones; marca la opción que sea verdadera para ti con más frecuencia. Si procede, continúa pensando en la misma relación que elegiste en la primera parte.

Me resulta más difícil ser paciente cuando...

☐ Otras personas no me entienden.

☐ Me siento atrapado haciendo algo que no me gusta.

Al comenzar una nueva relación que podría ser significativa, un motivo para no seguir adelante es si la persona...

☐ No hace ningún esfuerzo.

☐ Es demasiado insistente.

El conflicto es...

☐ Una oportunidad para desahogarme.

☐ Por lo general, improductivo.

Cuando me enfado con mi pareja...

☐ Tengo que contarle qué me pasa.

☐ Prefiero resolverlo por mi cuenta.

En la relación, lo peor es cuando siento...

☐ Abandono o rechazo. ☐ Presión o intrusión.

En la relación, quiero sentirme...

☐ Tan conectado con mi pareja como sea posible. ☐ A gusto.

Cuando me siento abrumado, me alivia...

☐ Desahogarme con alguien. ☐ Distraerme con otra cosa (ejercicio, sustancias, trabajo, etc.).

Hay ciertas cosas que no le digo a mi pareja porque...

☐ Podría enfadarse y rechazarme. ☐ Son asunto mío y no tiene por qué saberlas.

Es más probable que mi pareja se queje de que...

☐ La critico y le encuentro defectos. ☐ No estoy tan comprometido como ella quisiera.

Cuando pasamos tiempo separados, me siento...

☐ Triste o solo. ☐ Aliviado de tener tiempo para mí.

Cuando siento que mi pareja me ha hecho daño, me recupero...

☐ Cuando obtengo lo que quiero de ella. ☐ Bastante rápido por mi cuenta.

Me molestaría más si mi pareja contara a sus amigos...

☐ Nada de mí.

☐ Algo vergonzoso sobre mí.

Para calcular tu puntuación
Cuenta el número de marcas de esta columna y luego multiplica por dos para obtener tu puntuación.

_____ = puntuación de estilo **ansioso**

Para calcular tu puntuación
Cuenta el número de marcas de esta columna y luego multiplica por dos para obtener tu puntuación.

_____ = puntuación de estilo **evitativo**

Si una de tus puntuaciones es 18 o más, es probable que ese sea tu estilo dominante al expresar inseguridad en las relaciones. Si ambas puntuaciones son inferiores a 18, es posible que ninguno sea dominante y que expreses una combinación de ambos estilos. Aprenderás más sobre lo que esto significa en los capítulos dedicados al estilo ansioso (capítulo dos) y al estilo evitativo (capítulo tres). Ambos capítulos te resultarán útiles aunque tu puntuación en uno de los estilos sea más alta.

Cómo sacar el máximo partido a este libro

Además de ayudarte a comprender tus propios patrones y tendencias de apego, este libro también te servirá para reconocer los patrones de las personas más cercanas a ti. Si has obtenido una puntuación alta en el estilo ansioso o el evitativo en la segunda parte del cuestionario de apego, es posible que prefieras saltar al capítulo correspondiente para averiguar lo que eso significa y qué puedes hacer al respecto.

Para aprovechar al máximo este libro y potenciar lo que puede hacer por ti, explora todos los capítulos. Es probable que tengas relaciones con personas que abarcan todo el espectro de estilos de apego (seguras e inseguras, ansiosas y evitativas), por lo que los demás capítulos te ayudarán a comprender esos estilos. Además, los estilos de apego forman un continuo, por lo que, aunque tus puntuaciones en general puedan indicar un apego seguro, por ejemplo, tal vez tu puntuación en el apego inseguro ansioso también sea un poco alta. Por último, diferentes personas —como dos parejas románticas— pueden sacar a relucir diferentes tendencias en ti, en parte como respuesta a sus propios estilos de apego. Un estudio detallado de todos los capítulos te brindará el mayor beneficio. Los ejercicios de este cuaderno de ejercicios tienen como objetivo fomentar la conciencia y la comprensión de ti mismo y de los demás. A medida que los completes, si tu historia personal con las relaciones te trae recuerdos que te perturban o sensaciones abrumadoras, deja de leer o escribir y haz algo que te ayude a sentirte centrado, ya sea lavar los platos, dar un paseo, llamar a un amigo o realizar una breve meditación de atención plena.* Puedes regresar más tarde al ejercicio, cuando te sientas más tranquilo, o buscar el apoyo de un terapeuta para explorar más a fondo los temas de este libro y tus respuestas.

Por último, te recomiendo que hagas descansos. ¡No intentes completar todo el cuaderno de ejercicios de una sola vez! Asegúrate de dormir suficiente, comer bien, beber agua, ver a tus amigos y realizar descansos para hacer actividades físicas. No solo hará que el proceso sea más agradable, sino que también tendrás tiempo para asimilar el material a medida que avances en el libro.

---

* N. de la T.: «Mindfulness» en el original. Esta técnica consiste en prestar atención de manera consciente al momento presente sin juzgar, apegarse ni rechazar la experiencia. Las traducciones más habituales de este término en castellano son *atención plena*, *plena consciencia*, *presencia mental* y *presencia plena*.

Resumen del capítulo

- La teoría del apego simplemente explica el estrés que experimentamos o no cuando confiamos en otros en las relaciones. No es un horóscopo ni una explicación de la personalidad.
- Los patrones de comportamiento que mostramos en respuesta a este estrés son una progresión natural de lo que hemos experimentado en las relaciones desde que éramos muy jóvenes.
- Los patrones de comportamiento de las personas con un apego inseguro pueden causar problemas en las relaciones.
- Este libro puede ayudarte a examinar tus respuestas y explorar las posibilidades de un cambio real.

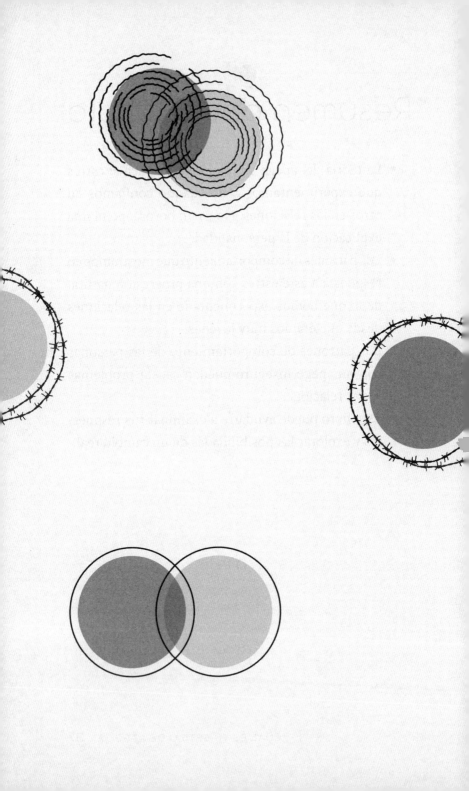

CAPÍTULO DOS

El estilo de apego ansioso

Si tu puntuación en la segunda parte del cuestionario de apego (página 32) indica que tienes el estilo ansioso, este capítulo te ayudará a aprender más sobre lo que esto significa y qué puedes hacer al respecto. Cuanto más alta haya sido tu puntuación, más probable es que expreses con ansiedad cualquier inseguridad en las relaciones. Después de una descripción de los rasgos asociados con este estilo de apego, la información y los ejercicios de este capítulo te ayudarán a ver cómo se manifiesta este estilo en tus relaciones (ya sea que tú tengas un apego ansioso o que lo tenga tu pareja), aprender a aceptarte a ti mismo y a los demás, desarrollar habilidades para comunicarte claramente y aprender cómo fortalecer tu relación de manera que te haga sentir más seguridad.

Rasgos del estilo ansioso

La teoría del apego se ocupa de la seguridad y la confianza en las relaciones íntimas. Teniendo en cuenta tu puntuación en la parte de inseguridad del cuestionario, cuanto más alta sea, más difícil te puede resultar sentirte seguro y confiado en tus relaciones cercanas, y más probable será que tus patrones de apego ansioso tengan un impacto negativo en ellas. Si tu puntuación de inseguridad ha sido baja, aunque hayas obtenido la puntuación máxima para el estilo ansioso, es posible que los patrones ansiosos solo tengan un efecto negativo ocasional en tus relaciones.

Las personas con un estilo de apego ansioso...

- Pueden ser increíblemente generosas y atentas con sus seres queridos.
- Son sensibles a lo que perciben como abandono.
- Están dispuestas a expresar abiertamente cómo se sienten.
- Tienden a culpar a los demás por sus sentimientos («¡Tú me haces sentirme así!»).

El mayor temor de quienes tienen un estilo de apego ansioso es el abandono. Cuando se activa este miedo, incluso mínimamente, es posible que entren en pánico. Pueden expresar su necesidad de atención, pero la forma en que lo comunican podría terminar alejando a la misma persona de la que desean recibir apoyo. Pueden sentirse desesperanzados rápidamente y mostrar su decepción de manera preventiva. Debido a esto, incluso cuando la necesidad es urgente, su forma de buscar apoyo puede resultar alarmante o desalentadora para los demás.

Estos son algunos ejemplos de clientes con los que he trabajado en mi consulta que tienen un estilo de apego ansioso. Ten en cuenta que, en los ejemplos incluidos en este libro, se han cambiado todos los detalles identificativos.

Asha, con veintipocos años, notó un patrón en su vida: hacía buenas amigas y su relación era muy cercana, pero en un par de años se distanciaban debido a sus enfados y celos cuando esas amigas desarrollaban intereses y amistades que no la incluían a ella.

El marido de Nora, Damian, era bombero y trabajaba turnos de cuarenta y ocho horas. Todo iba genial cuando él estaba en casa, pero cuando se iba a trabajar, Nora lo pasaba mal y se sentía deprimida. Le enviaba mensajes de texto con frecuencia para saber lo que estaba haciendo. Si Damian no respondía en unos pocos minutos, la ansiedad de Nora empeoraba.

Bruno era una persona extravertida que había empezado a salir nuevamente después de que su última relación terminara con mucho conflicto. En el pasado, se había entregado por completo desde el primer indicio de conexión, pero ahora tenía miedo de hacerlo nuevamente. Quería descubrir cómo ser apasionado y expresivo sin cometer los mismos errores de antes.

Recuerda, los estilos de apego son como un espectro continuo, y muchos individuos con un apego inseguro muestran patrones tanto ansiosos como evitativos en diferentes momentos. También podrías reconocer en estas páginas a personas importantes en tu vida, tales como tus padres, parejas actuales o pasadas u otros.

Autoconsciencia

Los siguientes apartados y ejercicios están diseñados para ayudarte a identificar tus patrones ansiosos. Te invito a leer este capítulo con una actitud de curiosidad hacia ti mismo y tus relaciones importantes, en lugar de recurrir a la culpa o la crítica. Estar abierto y ser curioso es la mejor manera de aprender nueva información sobre ti mismo y alimentar la motivación para cambiar comportamientos que no te benefician.

CÓMO SE MANIFIESTA EL APEGO ANSIOSO EN TI

Hay experiencias comunes entre quienes desarrollan un apego ansioso. A medida que leas la descripción de este apartado, considera cuánto se asemeja a tus propias experiencias en las relaciones. Si algún aspecto no coincide exactamente, no te preocupes. Sin embargo, en aquellos aspectos en los que te reconozcas, puede ser reconfortante saber que no estás solo. Los patrones descritos aquí son muy habituales.

Si tienes un estilo ansioso, te gusta la *idea* de establecer vínculos y, en particular, el apego romántico te resulta muy atractivo. Sientes que hay algo especial en apoyarse mutuamente y tener a alguien en quien confiar. En tu fantasía de una relación ideal, tu pareja te comprende profundamente, hasta tu esencia misma. Cuando inicias una nueva relación, es importante para ti que exista la promesa o la posibilidad de sentirte verdaderamente comprendido. Si te sientes comprendido, entonces puedes establecer un vínculo duradero de amistad o de pareja. Es poco probable que desees continuar la relación si no te sientes atendido o si la otra persona no te comprende completamente.

Los problemas pueden comenzar una vez que te comprometes. La persona que parecía tan prometedora al principio, atenta y comprensiva, en algún momento falla o se distrae con otras cosas, y es entonces cuando recuerdas que la gente no siempre es lo que parece. Tienes un programa que se ha estado ejecutando desde la infancia sobre qué esperar cuando confías en alguien, y es algo así como: «Necesito a esta persona… pero me decepcionará». Te impulsa el deseo de conectar, lo cual significa que a menudo te enfocas demasiado en el otro, siempre poniéndolo en primer lugar, mientras te sientes infeliz porque tus propias necesidades no se satisfacen. Quieres dar y recibir, con la máxima conexión.

Cuando comienzas a sentir ansiedad en la relación, sientes el dolor profundamente, incluso por incidentes menores, como si la traición que temes ya hubiera ocurrido. En esos momentos, realmente necesitas y quieres apoyo. Puedes imaginar recibir ese apoyo, pero se te revuelve el estómago con las dudas sobre si la persona que amas estará ahí para ti o no. La conexión que anhelas siempre parece estar fuera de tu alcance, incluso cuando estás haciendo todo lo posible por conseguirla. Esto aumenta tu angustia. Probablemente te hayas dicho a ti mismo más de una vez: «Ya no sé qué hacer».

Cuando tu estilo ansioso se muestra en su máximo esplendor, amenazas la relación, lanzas ultimátums y dices y haces cosas de las que luego te arrepientes, como «te odio», «quiero el divorcio» o «no te importo en absoluto». No te sientes orgulloso de este comportamiento pero, cuando estás en el momento, te parece que no tienes otra opción. Necesitas demostrar cuánto dolor sientes. Esperas que la persona que amas lo note y finalmente te brinde la sensación de seguridad que anhelas; en cambio, tu comportamiento la aleja.

Finalmente, la crisis pasa y se resuelven las cosas. Pero el incidente ha reforzado un dolor y una suposición familiares: no puedes confiar en las personas que amas. Aún deseas esa conexión, pero te preguntas si eres demasiado demandante para que alguien quiera lidiar contigo. Sabes que pides más de lo normal, pero también *das* más de lo normal.

La teoría del apego nos enseña que *aprendiste* este modelo de dar y recibir, aunque puede que no fuera apropiado. Tal vez, cuando eras niño, te encontraste en la injusta posición de ayudar a tu padre o tu madre a sentirse mejor cuando estaba pasando por un momento difícil. Por supuesto, cumpliste en ese momento, porque eso es lo que hacemos cuando nuestra supervivencia depende del bienestar de otra persona: colaboramos. Pero, en términos de desarrollo, cuando se te pide hacer esto antes de tener los recursos para cuidar de ti mismo, lo haces desde un sentido de ansiedad de supervivencia que luego se incorpora en tu esquema de lo que se necesita para obtener amor de alguien. Por lo tanto, te resulta familiar desempeñar el papel de salvador y excederte, así como exigir demasiado, en tus relaciones más cercanas.

Es posible que tengas recuerdos de la infancia en los que te sentías insatisfecho con la cantidad de atención y cuidado que recibías de uno o ambos progenitores. Tenías al menos un cuidador, como una abuela o niñera, que estuvo presente de manera significativa durante momentos importantes y formativos, y recuerdas algunas de las formas en que te sentías verdaderamente amado. Sin embargo, esta fue una experiencia inconsistente; no podías confiar en que el amor iba a estar presente cuando lo necesitabas. Es la misma inconsistencia que te vuelve loco ahora, cuando las relaciones se hacen más profundas y tu dependencia de otra persona aumenta.

¿En qué medida se ajusta a ti esta descripción?

Recuerda que una descripción única no puede aplicarse perfectamente a todas las personas pero, si tu puntuación sugiere un apego ansioso, es probable que te hayas reconocido al leer la descripción anterior. Si piensas en algunas de tus experiencias más importantes en relaciones cercanas, ¿en qué medida crees que la descripción se ajusta a ti? Rodea el número que corresponda a tu calificación.

No se ajusta en absoluto

Se ajusta totalmente

¿En qué partes de la descripción te reconoces más?

_____

_____

_____

_____

_____

_____

CÓMO SE MANIFIESTA EL APEGO ANSIOSO EN LAS RELACIONES

Las personas con apego ansioso tienden a actuar de manera impulsiva cuando se activa su ansiedad. No lo hacen a propósito; simplemente responden a su propia angustia de la manera en que suelen hacerlo. Es posible que ni siquiera sean conscientes de sus patrones de reacción y pueden ser rápidas en ser críticas y abrasivas cuando estos se desencadenan. Actúan de manera impulsiva de formas que amenazan la relación, lo cual finalmente va en contra de sus esfuerzos por mantener un vínculo estable y amoroso.

Estas personas también pueden contradecirse a sí mismas. Quieren tu apoyo pero, cuando se activa su ansiedad, se sienten tan molestas que apenas pueden estar cerca de ti. Las relaciones con individuos con apego ansioso tienden a tener más altibajos. Su ansiedad genera ciclos de entrega, resentimiento, quejas, exigencias, satisfacción temporal y de vuelta a la entrega.

Cuando las personas intentan satisfacer sus necesidades culpando, enojándose, generando culpa o insistiendo constantemente, rara vez se dan cuenta en ese momento de cuánto estresan a quienes las rodean y agotan el *capital relacional,* es decir, la buena voluntad que se crea de forma conjunta y que permite que la relación supere los desafíos.

El investigador matrimonial John Gottman ha determinado que por cada sentimiento o interacción negativos que una pareja tiene, se necesitan al menos cinco positivos para restaurar el equilibrio en una relación feliz y saludable. Para restaurar la paz, las personas pueden ceder porque obtienen el beneficio de la entrega, un enfoque positivo que puede fortalecer una relación, pero también pueden ceder porque se sienten bajo presión. En última instancia, este enfoque exigente para obtener lo que desean agota el capital relacional.

Esta dinámica era una lucha para una pareja a la que llamaré Jorge y Tanya. Jorge y Tanya llevaban juntos ocho años. Ambos tenían trabajos estresantes, Jorge en el ámbito académico y Tanya como abogada corporativa. Jorge solía llegar a casa antes y tenía que esperar a que Tanya terminara su trabajo, lo cual solía ser unas horas más tarde. Cuando ella llegaba a casa, Jorge estaba ansioso por hablar, pero Tanya solo quería relajarse con la cena y una película. Al percibir la ansiedad de Jorge, ella comenzó a expresar más sus propias tendencias de evitación y buscaba formas de posponer esas largas sesiones de desahogo nocturno con Jorge. Hacía una parada para comprar de camino a casa o sacaba al perro a pasear nada más entrar por la puerta. Cuando finalmente estaba «disponible» para Jorge, él ya se sentía frustrado y actuaba de forma exigente.

«Ni siquiera estás prestando atención», se quejaba él. A Tanya esto le disgustaba mucho pero lo toleraba, porque de lo contrario el conflicto se intensificaba.

Desde la perspectiva de Jorge, no estaba haciendo nada intencionadamente contraproducente o desagradable; simplemente estaba tratando de sentirse más conectado con Tanya. Jorge se expresaba de la manera que le parecía natural y familiar. Pero no se había dado cuenta del efecto que esto tenía en Tanya ni de lo estresante que se había vuelto su relación para ella. El conflicto latente les costó mucho capital de relación y, al final, no hubo suficientes interacciones positivas para reconstruirlo.

Los comportamientos y patrones de comunicación ansiosos sin restricciones generan tensión en una relación y agotan el capital relacional. Si este capital no se repone, puede que la relación no termine, pero al final ambos sentirán los efectos del estrés en la calidad del vínculo.

Cómo rastrear tu patrón de apego ansioso

Pasemos ahora a un ejercicio que te ayudará a entender qué se esconde realmente detrás de tu comportamiento de apego ansioso. Profundizarás en una experiencia incómoda, pero el objetivo es ayudarte a comprender cómo funciona este estilo de apego en tus relaciones.

1. Piensa en algo que sucediera en una relación que te hizo sentir mal o incómodo. ¿Qué ocurrió para desencadenar este sentimiento?

   Ejemplos:

   Mi jefe se enfadó cuando llegué tarde a una reunión porque estaba enfermo con una intoxicación alimentaria.

   Mi pareja se burló de mí delante de un amigo.

El incidente que desencadenó mi sensación de malestar o incomodidad:

_____

_____

_____

_____

2. Los incidentes afectan a cada cual por razones personales y únicas. Si nos centramos en tu experiencia del evento que acabas de mencionar, ¿cuál fue la peor parte *para ti?*

_____

_____

_____

Ejemplos:

Alguien a quien admiro pensó que había hecho algo mal.

Alguien se enojó conmigo antes de que pudiera explicarme.

Me dio vergüenza algo que no podía controlar ni cambiar.

Sentí que no hacía nada bien.

Lo peor de la situación para mí:

_____

_____

Te felicito por permitirte ser curioso acerca de tus propios sentimientos y experiencias, y por comprender por qué te afectan de manera única. Esta comprensión es una parte importante para poder gestionar tus emociones.

Aquí tienes un ejercicio adicional; aunque es opcional, puede ser extremadamente útil para comprender el patrón de este sentimiento a lo largo de tu vida. A continuación, hay una línea de tiempo desde el nacimiento hasta los veinte años de edad. Las primeras décadas de nuestras experiencias pueden ser muy formativas. Si no recibimos ayuda para gestionar las cosas· difíciles que pensamos y sentimos durante este tiempo, pueden afectar a nuestra forma de ver a los demás y a nosotros mismos más adelante en la vida.

Piensa en tus dos primeras décadas de vida. ¿Cuándo fue la primera vez que recuerdas haber tenido ese sentimiento o experiencia, o uno similar? Coloca una X en esa parte de la línea de tiempo.

| 1 | 2 | 3 | 4 | 5 | 6 | 7 | 8 | 9 | 10 | 11 | 12 | 13 | 14 | 15 | 16 | 17 | 18 | 19 | 20 |

Edad

La mayoría de los incidentes que evocan sentimientos intensos lo hacen porque esos sentimientos tienen su origen en la primera etapa de la vida. ¿Colocaste una X en algún lugar de esta línea de tiempo? Si es así, es algo muy normal. Ahora, avanza en la línea de tiempo y coloca una X en las diferentes edades en las que recuerdes haber tenido el mismo sentimiento. Intenta poner al menos tres X en la línea de tiempo y tantas como desees. Piensa en experiencias que hayas tenido en casa, en la escuela, en el trabajo, en la iglesia, etc.

Suelta el bolígrafo o el lápiz y respira profundamente. Ahora estás observando el legado de este sentimiento o experiencia en tu vida. Echa un vistazo a la línea de tiempo y responde a las siguientes preguntas:

1. ¿Qué aspecto tiene en general? ¿Hay más X concentradas en un área o están dispersas?
2. ¿Hay algo que te sorprenda?
3. ¿Hay ciertos tipos de relaciones en las que tiendes a experimentar más este sentimiento?
4. ¿Alguien o algo te ha ayudado alguna vez a lidiar con este sentimiento con más facilidad?

Consciencia de los demás

En las relaciones, los patrones de apego también emergen bajo estrés en otras personas. Aprender sobre ti mismo es solo una parte de la ecuación; la otra parte es conocer y comprender qué tipo de patrones de apego se dan en la persona con la que tienes una relación. Esto te ofrecerá más probabilidades de gestionar los conflictos y prevenir los malentendidos. En el capítulo cinco analizaremos todas las combinaciones de estilos de apego pero, por ahora, exploremos cómo te sientes si *la persona con la que tienes una relación* presenta un estilo de apego ansioso.

CÓMO SE MANIFIESTA EL APEGO ANSIOSO EN LOS DEMÁS

Estar en una relación con alguien que tiene un estilo de apego ansioso puede ser como lidiar con un cliente enojado cuando trabajas en un servicio de atención al cliente. Si las personas tienen patrones ansiosos de apego, su *expresividad* aumenta; es decir, te hacen saber, ya sea verbalmente o a través de sus acciones, que no están contentas. Es posible que las quejas estén justificadas, pero suelen transmitir enojo o críticas, lo que hace que sea más difícil responder con amabilidad. Con el tiempo, si eres el único trabajador de guardia en ese servicio de atención al cliente, cabe la posibilidad de que te sientas abrumado y desmoralizado. Si tienes un historial de haber sido tratado injustamente, incluso puedes sentirte maltratado por las demandas ansiosas de la otra persona.

Aunque normalmente seas muy capaz, puede resultar difícil defenderte en mitad de un conflicto con alguien que tiene un apego ansioso. A los individuos inseguros y ansiosos normalmente se les da bien hablar y argumentar. De hecho, un número elevado de ellos hablan mucho porque el silencio los pone *más* ansiosos.

Si amas a la persona, una parte de ti realmente querrá hacer algo que la ayude y le resulte útil. Otra parte de ti puede que no, porque en ese momento realmente no parece digna de amor o no demuestra amor. O tal vez su comportamiento desencadena tus propios patrones de estrés relacionados con el apego, porque la persona en la que tanto confías está enojada contigo.

Muchos reaccionarán a esta dinámica de dos formas: o bien se esforzarán mucho por hacer feliz a su ser querido ansioso, o bien responderán de forma insuficiente y se desconectarán para protegerse de los ataques. Ninguna de estas respuestas es particularmente sostenible a largo plazo. El primer enfoque, sin una conciencia y límites adecuados, te agotará, y el segundo enfoque solo hará que la persona ansiosa se sienta aún más ansiosa.

A largo plazo, puede parecer que el individuo con apego ansioso es crónicamente negativo y en última instancia imposible de satisfacer. Siempre tiene algo de lo que quejarse, incluso si haces todo lo posible por satisfacer sus necesidades.

Estas son algunas quejas frecuentes que escucho sobre las personas que exhiben comportamientos de apego ansioso:

- Son irritables, agresivas, críticas y exigentes.
- Es imposible satisfacerlas, siempre hay algún problema.
- Requieren mucha atención y cuidado.

Estos comportamientos pueden resultar desalentadores. Durante los momentos difíciles, tu moral con respecto a la relación puede verse afectada. Si estos momentos bajos ocurren con suficiente frecuencia, comienzas a preguntarte si la relación merece todo ese esfuerzo. Esto es habitual en relaciones íntimas con personas que tienen apego ansioso, pero hay algunas cosas que puedes hacer para asegurarte de no agotarte.

Cómo reconocer el agotamiento en las relaciones

El primer paso es reconocer lo que está sucediendo cuando aún hay tiempo para solucionarlo. ¿Cuáles son las señales de que estás dando demasiado y te estás agotando? Aprender a reconocer estas señales es una buena manera de controlar tu energía y tus límites sin culpar ni juzgar lo que otra persona haga.

Por cada comportamiento, pon una marca de verificación si notas que sucede en la relación *a veces* y dos marcas de verificación si sucede *con frecuencia:*

_____ Criticarte a ti mismo o a la otra persona.

_____ Pensar obsesivamente en la otra persona.

_____ Distraerte de las cosas que estás haciendo, como el trabajo.

_____ Olvidarte de hacer ejercicio.

_____ Descuidar tu alimentación.

_____ No dormir bien.

_____ Perder el interés en actividades que te gustan.

_____ Sentir que no tienes suficiente tiempo para otras personas de tu vida.

_____ Tener resentimiento.

_____ Estar exhausto.

_____ Estar deprimido.

_____ Tener ansiedad.

_____ Sentir que no puedes ser tú mismo.

_____ Tener miedo.

_____ Sentir que siempre tienes que estar «en alerta».

_____ Sentir que no puedes decir que no.

_____ Sentir algo concreto en el cuerpo (por ejemplo, dolor de cabeza, tensión, adormecimiento): _____.

_____ Otros: _____.

Las marcas de verificación pueden ser buenos indicadores de que has alcanzado un límite con respecto a algo. Si permites que eso continúe, podría afectarte de manera negativa a ti y, finalmente, a la relación. Intenta abordar los problemas si es posible y asegúrate de hacer ejercicio, comer bien y buscar atención médica cuando sea necesario. Para aquellos problemas que son más complicados de abordar, como la tensión o el resentimiento, aprende a reconocerlos como señales tempranas de que debes hablar con tu pareja sobre la necesidad de comenzar a hacer cambios.

CÓMO RESPONDER AL APEGO ANSIOSO DE LOS DEMÁS

Recuerda, las reacciones del apego ansioso se basan en el miedo al abandono y en el temor a que no se satisfagan las necesidades en la relación. Los comportamientos de apego ansioso pueden sorprenderte, ya que parecen exagerados en comparación con la amenaza percibida. Estas reacciones pueden sorprender incluso a las personas que las experimentan.

Es importante recordar que aquellos a quienes amamos y que reaccionan de manera desagradable cuando se sienten infelices o abandonados no lo hacen a propósito. Es posible que ni siquiera se den cuenta de que tienen un gran impacto en ti. La mayoría de las veces no son plenamente conscientes de la impresión que dan. Simplemente se expresan de una manera que les resulta familiar y tratan de satisfacer sus necesidades.

Veamos cómo Tom ayudó a su pareja, Sanjay, a gestionar una dinámica de apego ansioso. Sanjay y Tom se habían ido a vivir juntos recientemente después de comprometerse cinco meses antes. Aunque Sanjay estaba feliz por el compromiso, la idea de depender permanentemente de Tom desencadenó su apego ansioso. A menudo estaba de mal humor y su irritación se manifestaba en forma de críticas. Sanjay tenía una larga lista de quejas, que incluía que Tom era un «vago». Delegaba tareas de limpieza en Tom y luego criticaba los esfuerzos de este cuando no cumplían con sus estándares. Tom tampoco había hecho mucho para mejorar la dinámica. Simplemente cumplía cuando se le decía que hiciera algo, esperaba pasivamente la queja inevitable y luego se enfurecía en silencio mientras Sanjay lo criticaba.

En terapia, intentaron algo diferente. Después de acordar que Tom se encargaría de fregar el suelo, probaron un enfoque nuevo.

Tom pregunta:
—¿Cómo está el suelo esta semana?
—No muy bien —responde Sanjay con cara de desaprobación.
Tom insiste:
—¿Qué es lo que no está bien?

Sanjay contesta:

—Sigue habiendo suciedad en las esquinas. No prestas suficiente atención. Sabía que esto no funcionaría. Ahora tengo que fregar de nuevo de todas formas.

—Espera —dice Tom—. No tienes que hacerlo, fregar el suelo es cosa mía. Solo dime lo que no está bien y lo solucionaré en los próximos días.

Sanjay suspiró aliviado y se sintió mejor. El suelo todavía no estaba exactamente como quería, pero al menos ahora podía contar con su pareja.

En esta interacción, Tom se dio cuenta de que la ansiedad de apego de Sanjay se había activado, así que tomó la iniciativa para manejar la situación. En lugar de quedarse pasivo, Tom pidió información de forma activa, dio a Sanjay una instrucción («Espera») y creó una expectativa («Lo solucionaré en los próximos días»). Esto estableció un nuevo patrón que tuvo un mejor resultado para ambos.

Cómo calmar el apego ansioso

Siguiendo con el ejemplo de Tom y Sanjay, este ejercicio te ayudará a identificar tu propia forma de enfrentarte al conflicto con alguien de tu vida que tiene apego ansioso. Piensa en alguien que puede ser bastante mordaz y que expresa sus necesidades de manera crítica o pesimista. ¿Cuál es tu respuesta natural cuando se comporta de esa manera?

_____

_____

_____

¿Cómo suele responder esta persona a tu reacción?

_____

_____

_____

Con esa pauta identificada, piensa en qué comportamientos podrían ser más útiles para ti a la hora de responder al apego ansioso. Aquí tienes algunas sugerencias para ayudar a tu ser querido en un momento de pánico y ansiedad. Coloca una marca de verificación junto a las cosas que ya haces o has intentado.

☐ Consuelo. «Estoy aquí. No me iré a ninguna parte».

☐ Proximidad y contacto de forma apropiada según la relación. Si la persona es tu pareja, utiliza el contacto afectuoso y el abrazo. Si no lo es, acércate, establece un contacto visual amable y sonríe. Si no, toma su mano.

☐ Toma la iniciativa. Ayuda a gestionar su ansiedad con instrucciones claras y simples. A las personas en estado de pánico se les da mejor comprender frases cortas: «Espera», «Cálmate», «Dime algo agradable», «Dame un momento para pensar».

☐ Marca el ritmo para abordar sus expectativas y la anticipación: «Hablaremos de eso en unos minutos, cuando estemos calmados». «Hablaremos de eso cuando terminemos con esto».

☐ Pide comentarios específicos: «¿Qué te parece la forma en que hemos hablado esta vez?».

¿Cuál de estas cosas te gustaría intentar la próxima vez que te encuentres con un comportamiento ansioso? Escríbelas a continuación y adáptalas a tu relación con la persona ansiosa:

_____

_____

_____

Aprender a aceptar

Te felicito por tu valentía y curiosidad por aprender sobre la inseguridad en el apego y explorar la ansiedad de apego en tus relaciones, lo cual puede ser algo nuevo para ti. Has aprendido que tu reactividad se activa en parte debido a la incertidumbre que sientes al confiar en alguien, y esa reactividad ejerce una tensión innecesaria en las relaciones y dificulta la intimidad.

El siguiente paso es adoptar una actitud de *aceptación*.

AUTOACEPTACIÓN

La mente tiende a aceptar las cosas que le gustan o que le resultan familiares y a descartar aquellas que no le gustan o que encuentra poco familiares. Esto es normal, pero puede dificultar la adaptación a nuevas experiencias y verdades incómodas sobre nosotros mismos, aunque eso signifique seguir haciendo cosas que no son buenas para nosotros o nuestras relaciones.

A fin de crear espacio para nuevos comportamientos, debemos tener suficiente energía y motivación para el cambio. De lo contrario, es poco probable que invirtamos el trabajo necesario para adaptarnos a nueva información y realidades. La aceptación nos ayuda a abrir espacio para el aprendizaje al liberar la energía que habíamos estado utilizando para resistirnos o evitar cosas, de manera que podamos utilizar esa energía de un modo más productivo.

El mapa de tus emociones

Las emociones tienen tanto un componente mental como un componente físico, y podemos sentir resistencia hacia uno o ambos. Dirigir nuestra atención hacia las experiencias corporales específicas que están conectadas a una emoción puede facilitar una mayor aceptación de esa emoción. Dado que la ira es una emoción tan poderosa, prueba el siguiente ejercicio para ver cómo funciona en tu caso.

Recuerda la última vez que te enfadaste con alguien cercano a ti. ¿Puedes sentir aunque sea un poco cómo fue? ¿Dónde lo sientes en el cuerpo? (Ejemplo: «Lo siento en la parte superior del pecho»).

_____

_____

_____

Imagina qué tamaño/forma/temperatura/color/calidad tiene la sensación. (Ejemplo: «Siento como una bola giratoria y confusa dentro del estómago»).

_____

_____

_____

¿Cuándo apareció? (Ejemplos: «Hace una hora», «Cuando supe que no iba a obtener lo que quería»).

_____

_____

_____

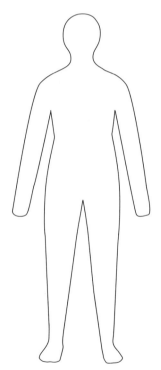

Con un bolígrafo o un lápiz, haz un dibujo de lo que experimentas en la parte del cuerpo donde lo sientes.

Ahora, respira profundamente. ¡Incluso imaginar la ira puede hacer que el sentimiento aparezca en tu cuerpo! Reconoce que a veces este sentimiento está en tu cuerpo y a veces no. Practica decirte a ti mismo que no hay necesidad de luchar contra eso. Cuando el sentimiento esté presente, trata de aceptar su presencia física y mantén una mente abierta e incluso curiosa sobre para qué está ahí. Aprender a gestionar las emociones fuertes de esta manera puede resultar útil cuando sientas que se activan.

Autocompasión

A medida que te des cuenta de los efectos de tu comportamiento en relaciones pasadas, es posible que también te vuelvas más consciente del daño que causaste, por pequeño o grande que sea. Aunque los comportamientos ansiosos pueden haber sido invisibles para ti antes, o incluso necesarios, tal vez ahora seas más consciente de cómo afectaron a las personas amadas y a las relaciones en las que pusiste tu corazón y tu confianza. Puedes ver más claramente cómo heriste involuntariamente a alguien a quien aprecias durante momentos de angustia. Para poder cambiar, primero debemos encontrar el coraje de examinar lo que no funciona en lugar de odiarlo ciegamente o atacarlo sin piedad.

La autocompasión* puede ser útil cuando te sientes de esta manera. Practicar la autocompasión significa ser sensible a tus propias dificultades y sufrimientos, y tener el deseo sincero de aliviar ese sufrimiento.

¿Quieres probar un poco de autocompasión? Imagina un momento en el que hiciste o dijiste algo de lo que te arrepientes. Cuando cierres los ojos, visualízate a la edad en la que ocurrió este incidente. Observa la escena como si fuera una película e imagina que la cámara se acerca hasta un primer plano de ti. Ahora, observa tu rostro y tu cuerpo antes, durante y después del incidente. Observa la cascada de emociones mientras toda

---

* N. de la T.: La autocompasión de la que aquí se habla no tiene nada que ver con el victimismo (ni con la manipulación y el bloqueo que este conlleva).

la escena se desarrolla. Presta atención a la expresión de dolor, ira, frustración, miedo, desesperanza o desprecio. Sigue observando hasta que tu «yo» de la escena se quede quieto, con la escena pausada. Ahora, coloca una mano sobre tu corazón y, mirando directamente a los ojos de tu «yo» de la escena, repite una o varias de las siguientes frases:

- «Veo que sufres como cualquier otra persona».
- «Que seas feliz».
- «Que estés libre de dolor».
- Cualquier otra cosa que tu «yo» de la escena necesite escuchar para saber que esta dificultad es vista y reconocida.

Ahora, imagina que la escena vuelve a la normalidad, y tu «yo» de la escena ha recibido todas tus palabras amables y cariñosas. ¿Qué efecto tienen estas palabras? ¿Cómo te hacen sentir?

_____

_____

_____

Si la autocompasión te resulta desconocida, puede ser porque has aprendido a condenarte, juzgarte y criticarte en situaciones en las que descubres algo que no te gusta de ti. Esta es una forma común de responder pero, cuando se trata de sanar la ansiedad de apego, la autocondena probablemente solo produzca más inseguridad y ansiedad, no menos. Continúa practicando el ser compasivo contigo mismo. Consulta los recursos (página 247) para encontrar formas de desarrollar esta práctica de sanación.

ACEPTAR A LOS DEMÁS

Aceptar a otra persona con su estilo de apego implica abrirse a la realidad de cómo experimenta el mundo y cómo ha aprendido a reaccionar ante él. Simplemente significa prestar atención y no juzgar lo que descubres. Cuando te permites abrirte a esta realidad, puedes profundizar en las relaciones basándote en una comprensión más completa de tus seres queridos.

Por supuesto, aceptar la experiencia de otra persona con un apego ansioso no quiere decir que debas adaptarte a todas las formas en que su comportamiento reactivo afecta a la relación. A veces, aceptar simplemente significa estar dispuesto a recordarte a ti mismo que sus patrones de apego ansioso no tienen nada que ver contigo. El siguiente ejemplo muestra este proceso en la práctica.

Dominique tiene veintitantos años; su madre, Vero, la crio prácticamente como madre soltera. Después de que el marido de Vero falleciera el año pasado, Dominique notó que su madre la llamaba con más frecuencia y dependía de ella para obtener apoyo práctico y emocional. Al principio, a Dominique no le importaba, y como hija de inmigrantes de segunda generación, sentía que era su deber cuidar de su madre. Pero, después de varios meses, comenzó a sentirse cada vez más frustrada con las expectativas y demandas no expresadas de su madre. Incluso visitarla semanalmente no era suficiente; su madre quería que se mudara con ella a tiempo parcial.

Dominique no sabía cómo decir que no, porque se sentía mal sabiendo que su madre se sentía tan sola. Por si fuera poco, cuando pasaban tiempo juntas su madre constantemente criticaba sus decisiones personales y profesionales, lo cual comprensiblemente incomodaba a Dominique. Pronto, esta sintió que la relación era insoportable y no sabía cómo solucionarlo.

Dominique tuvo una revelación al ser capaz de recordarse a sí misma que el comportamiento dependiente de su madre no tenía que ver con ella. Este recordatorio le permitió comprender más claramente que el comportamiento de su madre se debía a su estilo de apego, y esa comprensión la ayudó a aceptar lo que estaba sucediendo en la relación y aceptar a su madre con mayor facilidad. Una vez que se liberó de la responsabilidad de la experiencia de su madre, Dominique dijo que se sentía menos a la defensiva y que realmente podía hablar con ella de manera más reconfortante y útil, al mismo tiempo que mantenía sus propios límites. Como resultado de esta aceptación, se sintió menos estresada y atrapada, y su madre recibió la ayuda y la compasión que necesitaba.

Empatía con la inseguridad

Hasta ahora, has estado recibiendo mucha información sobre el apego ansioso. Este ejercicio te dará la oportunidad de practicar la empatía para que puedas *sentirla* en lugar de solo pensarla.

Una de las cosas más habituales que la mayoría de las personas dicen que desencadena su ansiedad es la irregularidad en el tipo de atención o cuidado que pueden esperar de sus parejas. Vamos a explorar cómo esto afecta al estado mental de alguien.

Imagina algo en tu vida que sea muy importante para ti a diario. Tal vez sea un salario, un hogar o incluso algo tan simple como el amanecer. Escribe un par de frases al respecto y por qué estás agradecido por tenerlo.

Algo muy importante para mí todos los días y por lo que estoy agradecido es:

_____

_____

_____

Cuando pienso en cómo esto me aporta bienestar, siento:

_____

_____

Ahora, imagina que algo acaba de cambiar. Por fuerzas que no puedes controlar, eso sobre lo que acabas de escribir ya no funciona como debería. Ahora, cada vez que esperas que esté ahí, podrías encontrarte con sorpresa y decepción. Si has escrito algo sobre tu sueldo, imagina que disminuye misteriosamente una y otra vez en una cantidad impredecible. Si has elegido tu hogar, imagina que cada vez que llegas a casa no estás seguro de si la llave abrirá la puerta. A veces, la cerradura simplemente cambia misteriosamente. Si has pensado en lo reconfortante que es que el sol salga cada día, imagina que el horario de verano se aplica de manera impredecible y variable.

Con cada decepción, recuerdas tu anticipación de la cálida comodidad de antes, cuando las cosas eran normales. Mientras imaginas esta nueva realidad, ¿qué sientes?

_____

_____

_____

Ahora, imagina que vas a comer con alguien a quien aprecias mientras te estás sintiendo de esta manera. ¿Cómo cambiaría ese encuentro para comer en comparación con lo habitual?

_____

_____

Puedes imaginar que así es como se siente tu ser querido con apego ansioso. La diferencia, por supuesto, es que su percepción de tu fiabilidad es lo que le hace sentirse inseguro, y al mismo tiempo eres la persona que desea tener cerca.

Comunicación sana

Como leíste anteriormente, aceptar la verdad sobre cómo tú o las demás personas con las que te relacionas experimentáis el apego no significa que tengas que asumir sin más los comportamientos o el impacto de esos comportamientos en tus relaciones. Pensando específicamente en tus propios comportamientos relacionados con el apego, puedes *reconocer* las tendencias ansiosas que tienes hacia la cercanía y la dependencia, y *aprender* habilidades que te ayudarán a encontrar comodidad y a tranquilizarte al mismo tiempo que alcanzas tus metas de relación.

Una de estas habilidades es la comunicación sana y clara. Anteriormente hemos hablado sobre cómo las personas con un apego ansioso tienden a proyectar su malestar cuando se sienten provocadas, frustradas o heridas. Esta comunicación a menudo se manifiesta de manera acusadora, exigente o enojada, pero con la esperanza de que los demás perciban las necesidades subyacentes y las satisfagan. Lamentablemente, este modelo no es muy fiable para lograr que tus necesidades se satisfagan.

A veces esto funciona, y eso podría reforzar la tendencia a expresar tus emociones de manera libre. Pero ten en cuenta lo siguiente: si la forma en que te comunicas causa estrés a tu pareja y, por lo tanto, a la relación, funciona porque tu pareja te ama, no porque estés siendo un colaborador efectivo para obtener lo que quieres. De hecho, cuando expresas tus emociones de manera descontrolada y eso ejerce estrés sobre tu pareja y la relación, contribuyes a agotar el capital de confianza creado en la relación con mucho esfuerzo.

Comunicar tus sentimientos y necesidades de manera más intencionada y mutuamente beneficiosa simplemente requiere práctica. Es posible que no resulte tan gratificante a corto plazo como simplemente soltar algo que te ofrezca un alivio inmediato, pero a largo plazo podría ayudarte a mantener y fortalecer una relación valiosa. Una ventaja es que estas herramientas funcionarán en todas tus relaciones.

Consentimiento para expresarte

Cuando estás cerca de alguien, lo que haces y dices alrededor de esa persona tiene un impacto, ya sea positivo o negativo. No hay acciones insignificantes. Para fomentar una colaboración efectiva y lograr que tus necesidades se satisfagan en la relación, es necesario controlar las interacciones en tiempo real y asegurarse de que la conversación sea productiva. Sin embargo, también es importante que te expreses.

¿Cómo se hacen ambas cosas? Obtener el consentimiento es una herramienta importante en una relación cuando se trata de negociar un equilibrio entre las necesidades y los deseos de una persona, y los límites de comodidad de la otra. Practicar un consentimiento saludable garantiza el bienestar de ambas partes. A menudo se habla del consentimiento en el contexto de los límites físicos y sexuales en las relaciones.

Antes de involucrarnos en un encuentro sexual, nos aseguramos de que la otra persona esté lista y también lo desee. Pero cuando se trata de interacciones intensas que implican la mente o las emociones, no solemos pensar en obtener consentimiento. Por el bien de las relaciones, deberíamos hacerlo.

¿Puedes recordar una conversación que hayas tenido en el pasado cuando estabas en un patrón ansioso que subió de tono rápidamente y no llevó a nada? Vuelve a esa escena en tu mente.

¿Agregar una o más de las siguientes herramientas de comunicación habría mejorado la sensación o el resultado de la conversación, aunque fuera un poco? Lee la siguiente lista de sugerencias y marca todas las que creas que podrían haber ayudado a acercarte a lo que querías, respetando al mismo tiempo los límites de la otra persona.

Sugerencias para obtener consentimiento:

☐ Manifiesta tu intención y verifica si la otra persona está de acuerdo: «Quiero manifestar una queja. ¿Me permites hacerlo contigo?»; «Tengo sentimientos muy intensos que necesito expresar. ¿Estás disponible para escucharme?»; «Tengo algunas ideas sobre tu situación. ¿Te gustaría recibir consejos o que me involucre?».

☐ Pide lo que deseas en un horario que sea cómodo para la otra persona: «¿Puedes decirme cuándo tienes tiempo para hablar sobre el proyecto de reforma?».

☐ Establece una cantidad específica de tiempo para la conversación y cúmplelo: «¿Puedes tomarte veinte minutos ahora mismo para hablar conmigo sobre los platos?».

☐ Comparte un poco y observa cómo reacciona la otra persona: «Así que esa es la primera parte de lo que quería decirte. ¿Cómo te sientes hasta ahora?».

☐ Debes estar preparado y dispuesto para parar. Si la otra persona ya no quiere seguir hablando o expresa incomodidad, haz una pausa o detente: «Puedo ver que esto te está afectando más de lo que esperábamos. ¿Deberíamos parar o hacer un descanso?».

Ahora, imagina de nuevo tu conversación improductiva con algunas de esas opciones de consentimiento incluidas. ¿Cómo habría mejorado el resultado de la conversación?

_____

_____

_____

_____

_____

Necesidades de seguridad y protección

El consentimiento es solo el primer paso. En relación con el apego, tenemos dos necesidades: protección y seguridad. La protección consiste en encontrar alivio de una experiencia amenazante en el cuerpo. La seguridad tiene que ver con la tranquilidad de que la conexión y los recursos están y seguirán estando disponibles. Cuando te sientes seguro con alguien, percibes que esa persona está ahí y continuará estando ahí para ti y que te ve de manera cálida y compasiva. Sentirse emocionalmente seguro y protegido con alguien es la base de la confianza en una relación.

Hasta que la seguridad y la protección estén adecuadamente presentes, la colaboración en una relación (como decisiones conjuntas o proyectos) no funcionará muy bien y la comunicación sana resultará difícil. Este ejercicio te ayudará a explorar e identificar lo que necesitas para sentirte seguro y protegido durante una interacción estresante. Puedes comenzar pensando en una interacción específica que hayas tenido con tu pareja en la que tus sentimientos ansiosos dificultaron o volvieron improductiva la comunicación.

¿Qué puedes hacer *tú* para calmar tus sentimientos de amenaza cuando la comunicación se vuelve difícil? (Piensa principalmente en cosas que ayuden a que tu *cuerpo* se calme cuando te encuentras en un estado de angustia).

1. _____

2. _____

3. _____

¿Qué cosas puede hacer _tu pareja_ para ayudarte a calmar los sentimientos de amenaza? (Nuevamente, enfócate en el cuerpo).

1. _____

2. _____

3. _____

Debido a que la comunicación difícil puede activar sentimientos de inseguridad, ¿qué puedes hacer _tú_ para calmar tus sentimientos de inseguridad y garantizar la conexión en la relación?

1. _____

2. _____

3. _____

¿Qué tipo de cosas puede hacer o decir _tu pareja_ para ayudarte a sentirte seguro y reafirmar la conexión en la relación?

1. _____

2. _____

3. _____

Ahora, encuentra tiempo para sentarte con tu pareja o ser querido, comparte lo que has aprendido sobre seguridad y protección, y explora las listas que has confeccionado.

Las siguientes indicaciones pueden guiarte a través de una conversación útil:

- Conociéndome como me conoces, ¿crees que los elementos de las listas contribuirían a calmarme?
- ¿Añadirías algo a alguna de estas listas?
- ¿Estás dispuesto a ayudarme con alguna de estas cosas cuando veas que estoy reaccionando de manera ansiosa?

La comunicación efectiva y sana es posible para las personas con apego ansioso, y desarrollar estas habilidades puede ayudarte a crear confianza y seguridad en tus relaciones cercanas.

Cómo fortalecer tus lazos

Es importante recordar que tener tendencias ansiosas no te hace mala persona ni indigno de recibir amor. Puedes tener una relación segura independientemente de tu nivel *individual* de inseguridad. La seguridad en una *relación* se logra a través de acciones y comportamientos que fortalecen a ambas partes y sacan lo mejor de ellas. Tener una puntuación alta de inseguridad solo significa que podrías enfrentarte a más desafíos.

Diario de reconocimiento

El reconocimiento es una forma maravillosa de aumentar el capital de tu relación. Tú y tu pareja os sentiréis bien si dedicáis tiempo a reconocer las formas en que mejoráis vuestras vidas mutuamente.

Indica tres cosas que te gustan de tu pareja en la relación:

1. _____

2. _____

3. _____

Indica tres cosas que te gustan de ti:

1. _____

2. _____

3. _____

Tomarse el tiempo para reconocerse mutuamente de manera regular puede fomentar una relación de buena voluntad y ayudar a superar momentos difíciles. Si se enfocan en el reconocimiento, la comprensión y la aceptación, y aprenden a tener una comunicación sana, las personas con apego ansioso pueden construir relaciones sólidas y sanas en las que ambas partes se sientan seguras y protegidas.

Resumen del capítulo

- Actuar siguiendo patrones de apego ansioso sin prestar atención a cómo afectan a los demás puede agotar el capital de las relaciones.
- Las personas actúan inconscientemente según patrones de apego ansioso porque desean restablecer la seguridad y la estabilidad en las relaciones, pero estos patrones son contraproducentes.
- La aceptación y la autocompasión son útiles para tratarse y sostenerse a uno mismo o a otros con apego ansioso. Las habilidades de comunicación sana son una herramienta crucial que se puede aprender.

Algunas habilidades que puedes aprender con el trabajo incluido en este capítulo son:

- Autocompasión para el apego ansioso en ti mismo y empatía para el apego ansioso en los demás.
- Cómo reconocer tus propios límites y respetar los límites de los demás.
- Cómo mitigar el comportamiento de apego ansioso.

CAPÍTULO TRES

El estilo de apego evitativo

Si tu puntuación en la segunda parte del cuestionario de apego (página 32) te clasifica en el estilo evitativo, este capítulo te ayudará a aprender más sobre lo que eso significa y qué puedes hacer al respecto. Cuanto más alta haya sido tu puntuación, más probable será que expreses inseguridad en las relaciones a través de patrones de comportamiento evitativo.

Mientras que la inseguridad se manifiesta en forma de protesta y culpabilidad en los que tienen un estilo ansioso, el estilo evitativo minimiza o niega la necesidad de los demás desde el principio. Después de presentar las características asociadas con este estilo de apego, la información y los ejercicios de este capítulo te ayudarán a ser consciente de cómo se manifiesta este estilo en tus relaciones (ya sea que tú estés apegado de manera evitativa o que lo esté tu pareja), aprender a aceptarte a ti mismo y a los demás, desarrollar habilidades para comunicarte claramente y aprender cómo fortalecer los vínculos de tu relación de una manera que te haga sentir más seguro.

Rasgos del estilo evitativo

Teniendo en cuenta tu puntuación en el cuestionario, cuanto más alta sea la puntuación de inseguridad, más probable es que tus relaciones se vean afectadas negativamente por comportamientos de apego evitativo. Si tu puntuación de inseguridad ha sido baja, es posible que las relaciones no se vean tan afectadas.

Las personas con un estilo de apego evitativo:

- Son autosuficientes, es decir, saben cómo manejar las situaciones por sí mismas.
- No suelen quejarse directamente, pero muestran su descontento de manera indirecta.
- Hablan más sobre cosas e ideas que sobre sí mismas.
- Son más propensas a notar en sí mismas o a que los demás observen en ellas problemas de memoria.
- Prefieren resolver conflictos de la manera más rápida posible, aunque signifique no profundizar.

El comportamiento evitativo puede manifestarse de diversas formas, como ignorar directamente el conflicto, negar lo sucedido o intentar evitar el malestar a través del consumo de sustancias. Pero también puede ser más sutil, como complacer a los demás en exceso o enfocarse tanto en ayudarlos que uno se descuida a sí mismo. Puede ser cualquier respuesta que te proteja de sentirte avergonzado o inadecuado.

Estos son algunos ejemplos de personas que he conocido en mi consulta y que tienen un estilo de apego evitativo. Como siempre, se han cambiado los nombres.

Kyle lleva dieciséis años casado. En los últimos años, él y su mujer han discutido más a menudo; ella se queja de que Kyle no habla sobre sus sentimientos y se pone a la defensiva. Kyle quiere hacer feliz a su mujer, pero no sabe cómo cambiar y se estresa cuando ella lo menciona una y otra vez.

Dylan ha sido el conciliador entre sus familiares y amigos desde los ocho años, cuando sus padres se divorciaron y se hizo evidente que tenía talento para escuchar y ayudar a que la gente se sintiera mejor. Le gusta conciliar porque si las personas acuden a él para quejarse, no pueden estar enojadas con él. Se le da tan bien que nadie tiene nunca problemas con él; piensan que es «perfecto». Dylan se pregunta si los demás lo amarían y aceptarían si no fuera «perfecto».

Jee creció en una familia estricta y fundamentalista cristiana, con poco afecto físico y conexión emocional. Ya no se considera religiosa después de salir del armario como lesbiana y ser rechazada por la iglesia y sus padres. Aunque actúa con indiferencia acerca del rechazo de su familia, en el fondo anhela su aceptación y no puede pensar en ello sin ponerse emotiva y llorar.

¿Cómo saber si estás manifestando un patrón evitativo en tus relaciones con los demás? Tus parejas sentimentales a menudo te dicen que algo les impide conectar contigo, aunque no te resulta evidente dónde está el problema. Después de recibir bastantes comentarios como estos, es posible que te preguntes si ciertos patrones tuyos están relacionados con una expectativa irreal de autosuficiencia. Este capítulo puede ayudarte a aclarar cómo se manifiesta el comportamiento de apego evitativo y qué hacer al respecto.

Autoconsciencia

¿Tienes tendencia a resistirte a confiar en los demás y prefieres mantener cierta distancia, incluso con personas significativas para ti? Puedes tener tus razones pero, si tienes un estilo de apego evitativo, todo se reduce al hecho de que cuando te acercas demasiado sientes incomodidad y se activa un tipo de estrés simplemente al sentir que dependes de otros de forma práctica o emocional. Al igual que con cualquier otra forma de estrés, las personas crean patrones de superación que no son completamente conscientes o constructivos.

El apego evitativo en la edad adulta puede manifestarse de varios modos, y en el apartado siguiente se describen algunos patrones comunes en los individuos con este estilo. Mientras lees la descripción, lleva un registro sobre cuánto te identificas con ella, ya sea en el presente o en relaciones pasadas.

CÓMO SE MANIFIESTA EN TI EL APEGO EVITATIVO

Eres bastante autosuficiente y estás orgulloso de ello. Probablemente no te gusta hablar mucho de ti mismo. No buscas el protagonismo al hacer que tus necesidades sean conocidas y te incomoda cuando otras personas lo hacen. La lógica y la razón son tus zonas de confort; los sentimientos, no tanto. Esto te ha ayudado de muchas maneras.

Puedes tomarte el tiempo que necesites para pensar en tres recuerdos específicos de tu infancia de momentos en que te sentiste apoyado, reconocido o validado por los adultos que te rodeaban. Muchos recuerdan momentos cálidos, alegres y conmovedores con una persona específica de su infancia. Si en este momento no te vienen a la mente recuerdos específicos, eso puede indicar un estilo de apego inseguro-evitativo. No significa que no tengas recuerdos agradables; simplemente es posible que tengas recuerdos más gratos de estar solo y entretenerte por tu cuenta que de estar con gente. Quizás incluso lo preferías. Algunos individuos que he conocido con tendencias evitativas fuertes decían que sus recuerdos más bonitos de la infancia implicaban estar solos durante horas en el bosque, soñar despiertos o inventar obras de teatro enteras con animales de peluche en su habitación.

Si tienes recuerdos de tus padres mostrándote afecto es probable que, para recibir esa atención positiva, tuvieras que hacer algo «bien». Te elogiaban o recompensaban por tu inteligencia, belleza, habilidades atléticas, personalidad o talento. El mensaje que recibías era que eras digno de amor y atención cuando hacías que la familia *quedara bien.*

Por tanto, de adulto no te resulta natural creer que tendrás apoyo cuando lo necesites. Es más probable que creas que necesitar apoyo sería una molestia para los demás y, por lo tanto, serás mejor amigo, pareja o miembro de un equipo/familia si eres poco exigente. Te dices a ti mismo y a los demás que simplemente no tienes necesidades. Te identificas con frases como: «No necesito mucho» o «Mis necesidades son simples».

Si estás soltero, es posible que te interese una relación romántica o que desees tener una en el futuro, pero a menudo te sientes inseguro debido a las posibles desventajas. Esto te hace ser cauteloso sobre este tipo de compromiso. Para tener una idea, es posible que tengas relaciones cortas que terminen antes de que las cosas se vuelvan demasiado serias o comprometidas. Terminar una relación puede ser incómodo, pero es mejor que sentirte atrapado más adelante.

Si estás buscando pareja, es posible que prefieras alguien que «no se tome las cosas demasiado en serio» o que sea «relajado». Valoras a las personas que no son demasiado exigentes o que no te piden mucho. Si son demasiado dependientes, te sientes estresado o inadecuado y es poco probable que las mantengas cerca.

Si ya estás en una relación romántica comprometida, es posible que quieras mucho a tu pareja, pero que también necesites cierta distancia o «espacio». Si alguien se acerca demasiado sin tu invitación, te puedes sentir incómodo, aunque no sea racional. A veces puedes empezar a sentir presión o estrés en una relación sin saber exactamente por qué, lo que te hace querer protegerte y alejarte.

En lo que respecta a las necesidades y los deseos de tu pareja, tienes una tolerancia limitada en cuanto a lo que te pide, incluso si intelectualmente entiendes por qué lo hace. Sin embargo, en el momento, simplemente no te parece necesario. Si tienes una queja en tu relación, es que tu pareja te pide demasiado. Cuando sientes esta presión no deseada, buscas pasatiempos, actividades y escapadas que te resulten familiares y predecibles, como el trabajo, el ejercicio, la pornografía o el uso de sustancias.

Cuando reconoces un deseo o una necesidad importantes en ti, puede ser muy difícil e incluso aterrador reconocerlo y comunicarlo a los demás. Puede resultarte poco familiar y es posible que tengas poca confianza en que vayan a satisfacer tu necesidad, lo cual es lo suficientemente incómodo como para que desees olvidar que tenías esa necesidad de entrada.

Para ti, tener necesidades y deseos insatisfechos no es lo peor del mundo, siempre y cuando no te enfoques en ellos. Lo que realmente te afecta es sentirte culpado, condenado o juzgado injustamente. Eso toca una fibra sensible y puede hacer que te vuelvas más evitativo; si te sientes incapaz de escapar, puedes volverte inusualmente agresivo hacia los demás.

Si tu puntuación en la escala de inseguridad es alta, es posible que tu comportamiento evitativo tome una forma más física. Puede que no te gusten los abrazos o mucho contacto físico en general. El sexo podría funcionar para ti solo de formas específicas.

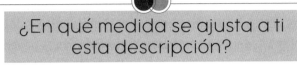

¿En qué medida se ajusta a ti esta descripción?

Recuerda que una descripción única no puede aplicarse perfectamente a todas las personas pero, si tu puntuación sugiere un apego evitativo, es probable que te hayas reconocido al leer la descripción anterior. Si piensas en algunas de tus experiencias más importantes en relaciones cercanas, ¿en qué medida crees que la descripción se ajusta a ti? Rodea el número que corresponda a tu calificación.

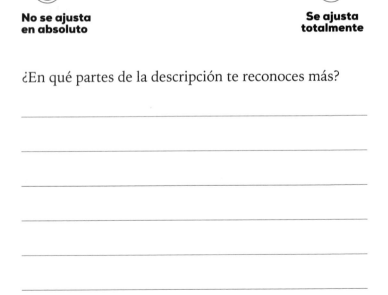

1 2 3 4 5 6 7 8 9 10

No se ajusta en absoluto

Se ajusta totalmente

¿En qué partes de la descripción te reconoces más?

_____

_____

_____

_____

_____

CÓMO SE MANIFIESTA EL APEGO EVITATIVO EN LAS RELACIONES

Si tienes un estilo de apego evitativo, estar cerca de alguien te puede resultar estresante. ¿Cómo sabes si sientes estrés simplemente por estar apegado a alguien? Piensa en alguien con quien tienes una conexión significativa. Reflexiona si eres sensible a esa persona de las siguientes maneras:

- Tienes una leve sensación de estar atrapado cuando la persona se acerca o quiere acercarse a ti, ya sea física o emocionalmente, porque no sabes si deseas que esté tan cerca.
- Te sientes un poco más incómodo o irritable cuando necesitas cambiar de estar haciendo algo por ti mismo a interactuar con la persona.
- Eres sensible para detectar cuándo está a punto de criticarte o culparte.

Si algunos de estos puntos te resultan familiares, es posible que estés experimentando un aumento en tus niveles de estrés como resultado de estas interacciones. Están estrechamente vinculados a las personas que más te importan y en las que confías, aquellas con las que probablemente deseas tener relaciones cariñosas, sostenibles y productivas. Este estrés puede dificultar las cosas de varias maneras.

Por ejemplo, cuando estás estresado y necesitas hacer algo con la persona que te causa estrés, es más probable que cometas errores de pensamiento e interpretación. Te vuelves menos atento hacia tu pareja, haces suposiciones que no verificas y tu comportamiento y tus señales pueden parecer evasivos o amenazantes de forma indirecta.

Tyrell y Shannon llevan cuatro años juntos. Tyrell se siente estresado cada vez que Shannon está molesta. Se paraliza y no puede responder adecuadamente cuando ella le solicita consuelo. Shannon le pide que la tranquilice con palabras o que pase tiempo con ella pero, aunque lo intenta, duda de estar haciéndolo lo suficientemente bien. Su cuerpo se tensa y se pone rígido. Puede decir las palabras que ella quiere escuchar, pero sus ojos revelan que no está realmente presente. Internamente, se siente asustado y ansioso por su rendimiento, y se cuestiona si esas son realmente las palabras que ella necesita. Por las noches, cuando es posible que ella se sienta mal por algo que haya pasado durante el día o que necesite hablar, él ha comenzado a trabajar más en su oficina.

El cerebro de Tyrell se centra tanto en gestionar el miedo y la amenaza de no hacerlo bien que no puede generar formas básicas de ayudar a Shannon cuando está molesta. *A posteriori*, se da cuenta de que es absurdo, pero en ese momento siente que no puede hacer nada al respecto. Debido a cómo funciona el cerebro cuando está gestionando amenazas, estos errores casi siempre llevan a ver a la otra persona como más amenazante, no menos, por lo que se genera una profecía autocumplida.

¿Puedes imaginarte estar en una situación que te exige mucho y constantemente cometer errores y no poder comprometerte plenamente? Como es obvio, no sería tu mejor momento. Además, si tu pareja también tiene alguna forma de apego inseguro, los dos estáis cometiendo muchos errores de pensamiento y de interpretación mutua, lo que causa aún más estrés para ambos. No es de extrañar que prefieras evitar estas situaciones y refugiarte en un pasatiempo.

Es probable que no seas la persona que se queja en las relaciones, pero eso no siempre es algo bueno. Las relaciones son complicadas y rara vez hay una única respuesta correcta que se deba encontrar en un momento específico. Sin embargo, dejar demasiado tiempo sin atención en una relación no es bueno. Cuanto más eficaz seas a la hora de evitar problemas, más probable es que luego te arrepientas.

La cuestión no radica en ser capaz de discernir y priorizar aquello a lo que te enfrentas, cuándo lo haces y qué dejas en segundo plano. Los problemas surgen cuando tus reacciones evitativas obstaculizan el trabajo conjunto con los demás o cuando no comunicas a tu pareja de dónde vienen realmente esas respuestas.

Inventario de evitación

A continuación, se enumeran emociones y situaciones que surgen en las relaciones y que muchas personas han indicado que pueden resultar estresantes. Examina la lista e identifica cuáles te generan estrés. Rodea con un círculo todas las experiencias que te hacen alejarte, retirarte, distraerte, adormecerte y, en general, sentirte menos conectado con las personas que te rodean. Si se te ocurren otras que no están en la lista, escríbelas en los espacios en blanco.

Me estreso cuando me siento...

Agobiado	Denigrado	Inadecuado
Anhelante/ deseoso	Derrotado	Incómodo
	Descartado	Indefenso
Ansioso	Despreciativo	Indignado
Arrepentido	Devastado	Infravalorado
Avergonzado	Disgustado	Inseguro
Celoso	Envidioso	Intimidado
Confundido	Estresado	Intolerante
Criticado	Herido	Juzgado
Culpable	Humillado	Llevado
Culpado	Ignorado	al límite
Decepcionado		Molesto

Preocupado	Solo	_____
Rechazado	Subestimado	_____
Resentido	Traicionado	_____
Sentencioso	Triste	

Me estreso cuando quiero/necesito:

Apoyo	Afecto/cariño	Valoración
Seguridad	Estabilidad	Coherencia
Aceptación	Ser visto y escuchado	Equidad/reciprocidad
Calma/armonía	Conexión	Que me tomen en serio
Estructura/orden	Protección	Ayuda con mis obligaciones
_____	_____	_____

Me estreso cuando la relación requiere:

Que me sincere	Gestionar conflictos	Subsanar heridas
Que yo ofrezca apoyo emocional	Aclarar compromisos y acuerdos	Comprender a mi pareja

Toma de decisiones conjunta	Rituales y rutinas positivos	Gestionar otras relaciones
Rendir cuentas	Definición de límites de acuerdos	Ofrecer y/o recibir comentarios
_____	_____	_____

Me estreso cuando tengo miedo de:

Perder mi autonomía	No tener tiempo libre	Perder mi identidad
Ser reemplazado	Ser abandonado	Ser excluido
_____	_____	_____

¡Buen trabajo! Acabas de identificar las situaciones que activan tu apego evitativo. Ahora, revisa tus selecciones y enumera las tres principales cosas que te hacen retraerte. Trabajarás con estos tres *activadores* específicos en el próximo ejercicio.

Ejemplo: Me estreso cuando la relación requiere gestionar conflictos.

1. _____

2. _____

3. _____

Evitación: ventajas y desventajas

Ahora, trabajarás con los tres principales *activadores* de retraimiento o evitación que identificaste en el ejercicio anterior. Escribe un activador en la parte superior de cada una de las siguientes tres listas. Luego, coloca una marca de verificación junto a cada reacción que tengas en respuesta. Finalmente, analizarás las formas en que estos comportamientos benefician o perjudican tus relaciones.

1. _____

Cuando esto sucede, yo:

☐ Me retraigo.

☐ Hago caso omiso.

☐ Me distraigo / Me mantengo ocupado.

☐ Me mantengo insensible / Me voy.

☐ No me tengo en cuenta o no tengo en cuenta a la otra persona.

☐ Rechazo mi experiencia o la de la otra persona.

☐ Me justifico / Racionalizo.

☐ Explico algo irrelevante.

☐ Tranquilizo a la persona, pero sin seguir pendiente de ella después.

☐ Otros: _____ .

¿Qué gano al hacer estas cosas?

_____

_____

¿Qué me pierdo al hacer estas cosas?

_____

_____

¿Cuál sería una respuesta más constructiva a este activador?

_____

_____

2. _____

Cuando esto sucede, yo:

- ☐ Me retraigo.
- ☐ Hago caso omiso.
- ☐ Me distraigo / Me mantengo ocupado.
- ☐ Me mantengo insensible / Me voy.
- ☐ No me tengo en cuenta o no tengo en cuenta a la otra persona.
- ☐ Rechazo mi experiencia o la de la otra persona.

- [ ] Me justifico / Racionalizo.
- [ ] Explico algo irrelevante.
- [ ] Tranquilizo a la persona, pero sin seguir pendiente de ella después.
- [ ] Otros: _____.

¿Qué gano al hacer estas cosas?

_____

_____

¿Qué me pierdo al hacer estas cosas?

_____

_____

¿Cuál sería una respuesta más constructiva a este activador?

_____

_____

3. _____

Cuando esto sucede, yo:

- [ ] Me retraigo.

☐ Hago caso omiso.

☐ Me distraigo / Me mantengo ocupado.

☐ Me mantengo insensible / Me voy.

☐ No me tengo en cuenta o no tengo en cuenta a la otra persona.

☐ Rechazo mi experiencia o la de la otra persona.

☐ Me justifico / Racionalizo.

☐ Explico algo irrelevante.

☐ Tranquilizo a la persona, pero sin seguir pendiente de ella después.

☐ Otros: _____.

¿Qué gano al hacer estas cosas?

_____

_____

¿Qué me pierdo al hacer estas cosas?

_____

_____

¿Cuál sería una respuesta más constructiva a este activador?

_____

_____

Recuerda que todos estos comportamientos fueron aprendidos. Ninguno es culpa tuya, pero sí eres responsable de las consecuencias de estos comportamientos. Si estás satisfecho con cómo estas reacciones funcionan para ti, sigue actuando igual. Si ya no estás de acuerdo con los resultados, tienes el poder de cambiar los comportamientos que los causan.

Consciencia de los demás

Quizás no sea tu tendencia mostrar estos comportamientos de evitación, pero estás en una relación con alguien que sí lo hace. Esta sección te ayudará a comprender a esa persona y a responder de manera efectiva cuando esto suceda.

CÓMO SE MANIFIESTA EL APEGO EVITATIVO EN LOS DEMÁS

Cuando las personas muestran patrones evitativos en el apego, puede parecer como si hubiera un vacío donde se desea o se espera su participación o apoyo. Las principales quejas sobre los individuos con patrones de evitación en el apego son que:

- No quieren lidiar con problemas.
- Tienen problemas de compromiso.
- No están conectados con sus sentimientos.
- Se desconectan o se retraen.
- Ponen filtros, se protegen o te rechazan.
- Hacen cosas que no te cuentan.

Con el tiempo, estos patrones pueden hacer que sientas que tu amigo, familiar o pareja con tendencia a la evitación no se preocupa por ti.

¿Qué puedes hacer al respecto? A veces basta simplemente con recordar que no es cierto. Las personas con apego evitativo tienen dificultades para sentirse cómodas en relaciones de apego y, a menos que las conocieras cuando eran bebés, esto ya era así mucho antes de que llegaran a tu vida. Hay cosas que les generan estrés, y no es nada personal.

El efecto en ti

Piensa en un momento en el que necesitabas ayuda o apoyo de alguien en particular y esa persona estaba ausente o se encontraba allí pero no parecía estar completamente presente.

¿Cuál fue el incidente?

_____

_____

_____

¿Qué recuerdas haber sentido?

_____

_____

_____

¿Qué pensamientos recuerdas haber tenido?

_____

_____

_____

¿Cómo se manifestó esa experiencia en tu cuerpo?

_____

_____

_____

CÓMO RESPONDER AL APEGO EVITATIVO DE LOS DEMÁS

Para las personas con apego evitativo, depender demasiado de alguien puede provocar pánico e incomodidad. Para ellas, esta incomodidad puede variar desde un poco de estrés hasta una respuesta de amenaza a gran escala. Muchos tipos de interacción interpersonal, especialmente aquellas de naturaleza intensa, pueden desencadenar tendencias evitativas. Como amigo, pareja, colaborador o familiar de alguien que presenta estos comportamientos, ¿qué puedes hacer? En el ejercicio anterior, es posible que hayas anotado tus propias reacciones difíciles a sus respuestas.

Lo primero es tomar en serio su necesidad de seguridad y comodidad. Asumir el riesgo de involucrarse en situaciones emocionalmente cargadas, aunque puedan parecer simples _para ti,_ no es fácil para las personas con _apego evitativo._ Para ellas, mantenerse centradas en una conversación sobre un tema emocionalmente cargado podría ser lo más difícil que hagan durante toda la semana.

Ayudar a que tu pareja se sienta más segura también puede ayudarte a obtener lo que deseas. Las conversaciones y los proyectos que son importantes para ti funcionarán mejor si la persona con apego evitativo tiene la oportunidad de sentirse segura mientras participa. Cuando sus sistemas están gestionando amenazas, sus cerebros no realizan las tareas complejas tan bien, y para una colaboración efectiva generalmente se necesitan este tipo de tareas.

No podemos leer la mente de otras personas con respecto a lo que es seguro para ellas, pero casi siempre podemos notar cuando algo no está bien si sabemos dónde buscar. Para todos nosotros, independientemente del estilo de apego, existe un concepto llamado «intervalo de tolerancia» que describe la zona ideal de activación fisiológica que permite que una persona funcione de la forma más eficaz. Cuando alguien muestra signos físicos de que está fuera de esta zona, ya sea con una activación demasiado alta o demasiado baja, generalmente indica que su cuerpo está interpretando algún tipo de peligro, real o imaginario. Dado que aquellos que desarrollan apegos evitativos son poco propensos a verbalizar su angustia, comprender este concepto puede ser muy útil.

Tu mejor oportunidad de éxito radica en que ambos os mantengáis dentro del intervalo de tolerancia durante las conversaciones difíciles. Cuando tienes una conversación emocionalmente cargada con alguien con apego evitativo, estos consejos pueden ser de ayuda:

- Establece un ambiente acogedor. No des por sentado que tu pareja sabe que tienes buenas intenciones. Utiliza el contacto físico o el contacto visual desde el principio para dejarlo claro, pero de manera no amenazante.
- Elegir el momento oportuno es de vital importancia. Es mejor lograr algo y celebrar una pequeña victoria, dejando el resto para otro momento, que intentar hacerlo todo de una vez y presionarte a ti mismo o a los demás más allá del intervalo de tolerancia.
- Aprende a leer el rostro, los ojos y el lenguaje corporal de tu pareja, y a saber cuándo ha tenido suficiente. Una vez que aprendas a entender el intervalo de tolerancia de alguien, las señales de angustia pueden ser claras. Un nivel de activación alto puede manifestarse como hablar más rápido o de manera más frenética, una mirada como de ciervo atrapado delante de un coche, respiración rápida, temblor o estremecimiento. Un nivel de activación demasiado bajo puede manifestarse como una mirada apagada, parecer insensible o ausente, hablar de forma lenta o arrastrada, una postura encorvada o sentir frío de repente.
- Debes estar dispuesto a reducir la marcha cuando veas que tu pareja sale del intervalo de tolerancia. Si es posible, establece de antemano qué podría proporcionarle alivio. Algunos solo necesitan una sonrisa amable y una pausa antes de seguir adelante. Otros

podrían necesitar que los tranquilices, como decir: «Lo estás haciendo genial. Podemos tomarlo con calma». Ciertas personas apreciarán que las tomes de la mano u otro tipo de contacto reconfortante.

En este punto, es posible que pienses: «¡Oye, esto es mucho trabajo!». Y tendrías razón. A veces, las personas requieren hacer un esfuerzo adicional. Al mismo tiempo, con experiencia y práctica, se vuelve más fácil. Hacer algo valioso requiere conocimiento y práctica, y tus relaciones no son una excepción. Por último, no olvides ser consciente de *ti mismo*. Observa el ejercicio anterior para ver cómo reaccionas ante comportamientos de evitación o distanciamiento. ¿Te sientes herido, enojado, crítico, resentido o acusador? Si tu reacción es intensa, es posible que necesites dar un paso atrás y hacerte cargo de ti mismo. Ofrece apoyo solo si tienes suficiente para ti o si puedes sentirte renovado al dar a la relación.

Trabajo con una reacción negativa

Si a menudo te sientes frustrado porque las personas son retraídas, este ejercicio es para ti. Piensa en la última vez que tuviste una reacción negativa hacia alguien que tuvo un comportamiento retraído cuando lo necesitabas. ¿Qué forma adoptó tu cuerpo? ¿Se te tensaron los hombros? ¿Se te hinchó el pecho? ¿Se te encogió el estómago? ¿Apretaste los puños? ¿Tal vez una combinación de todo ello?

Ahora, con todo tu cuerpo, recrea la forma que recuerdes de manera más exagerada y mantén esa posición durante tres respiraciones. Por ejemplo, si recuerdas que se te estiró el cuello, la mandíbula se te tensó y los puños se te cerraron, haz estos tres movimientos juntos y mantén la posición firmemente durante tres respiraciones. Durante estas tres respiraciones, piensa en algo que podrías pensar o creer en ese momento, como: «Mi pareja no se preocupa por mí». En la tercera exhalación, libera todo de una vez, relajando cuello, mandíbula y puños, y deja la mente en blanco. Observa qué pensamientos tienes cuando te relajas.

Ahora repite la misma secuencia dos veces más, pensando en la misma reacción negativa. Cuando hayas terminado, toma algunas notas sobre lo que has experimentado:

Al hacer el ejercicio por segunda y tercera vez, ¿fue la respuesta negativa más intensa, menos intensa o la misma? ¿Por qué crees que fue así?

Aprender a aceptar

Como comentamos en el capítulo dos, la aceptación tiene que ver con estar abiertos a los eventos del presente y el pasado sin intentar cambiarlos. Cuando practicamos la aceptación, podemos desarrollar la capacidad de abandonar la lucha que a menudo tenemos con la realidad. En su lugar, nos hacemos responsables de nuestra experiencia y nuestras acciones si es posible y tomamos decisiones que están más alineadas con nuestros valores. Como en la mayoría de los casos, todo comienza por nosotros mismos.

AUTOACEPTACIÓN

A veces, pensar en los rasgos de personalidad poco útiles que aprendiste de niño puede llevarte a la autocrítica y a compararte con otros: «Mi hermana tuvo los mismos padres y no parece ser evitativa como yo». En primer lugar, las comparaciones como esta suelen ser inexactas, porque no conoces toda la historia de las relaciones de otras personas. En segundo lugar, crean presión y estrés innecesarios que pueden agravar los problemas con los que ya estás lidiando, lo cual termina convirtiéndose en un círculo vicioso.

En su lugar, intenta perdonarte a ti mismo por el pasado y aceptarte por los sentimientos y pensamientos que son tan automáticos y están tan arraigados que no puedes cambiar el hecho de tenerlos. Aceptar los diferentes aspectos de ti mismo con amabilidad y cuidado es lo más importante que puedes obtener de este libro.

Análisis del niño interior evitativo

El siguiente ejercicio te llevará a un breve viaje de la imaginación donde tendrás la oportunidad de sentir empatía por las primeras experiencias que fomentaron el comportamiento de apego evitativo. Permite que la imaginación te lleve a sentir las emociones y sensaciones corporales del niño interior.

Imagina que eres un bebé. Te acaban de dar el pecho y tu madre te coloca de nuevo en la cuna. Mientras pasas de su cálido abrazo a la fría cama y ves cómo su rostro desaparece, empiezas a sentir miedo. No sabes a dónde va ni si volverá. Te sientes desprotegido e inseguro. Te tensas y lloras, deseando que regrese. Al no verla, lloras aún más fuerte, esperando que eso cambie algo, pero no es así.

Tu madre ignora tu llanto. No es con mala intención; ella sabe que estás alimentado, seco y calentito: ¿qué más podrías necesitar? Estás a salvo y es hora de dormir. Te las arreglarás por tu cuenta.

Finalmente, te percatas de que nadie viene cuando te sientes asustado, así que dejas de llorar porque no sirve de nada. En su lugar, te calmas, te chupas el dedo y observas el mundo borroso a tu alrededor mientras te meces para dormir. Esto te ayudará a sobrellevarlo hasta la siguiente vez que tu madre te dé el pecho. Tristemente, aquí, en esta cuna, acabas de aprender que otros pueden simplemente ignorar tu necesidad instintiva de conexión esencial, y tú también puedes hacerlo.

A medida que creces y te conviertes en un niño, tienes muchas más experiencias de pasar tiempo solo: jugar solo, imaginar solo y satisfacer tus necesidades por ti mismo. Estos son los momentos en los que te sientes más seguro. Estar solo es el lugar al que acudes cuando te sientes molesto por el mundo. A medida que creces, aprendes nuevas formas de estar solo, a través de la lectura, los videojuegos, el arte y otras actividades. Puedes crear mundos enteros que solo existen en tu mente sin tener que interactuar realmente con nadie más. Los demás pueden decepcionarte, pero estar solo nunca lo hará.

¿Qué sentimientos has imaginado y con cuáles te has identificado al leer el pasaje anterior?

_____

_____

_____

¿Qué le dirías al niño del pasaje para empatizar con él?

_____

_____

_____

Hablando directamente al niño del pasaje, ¿qué consejo alentador le darías?

_____

_____

_____

ACEPTAR A LOS DEMÁS

Mantener una relación con alguien que tiene un estilo de apego evitativo presenta desafíos. La persona puede ser difícil de entender, tener una comunicación indirecta y no estar presente cuando la necesitas. Aceptar a los demás no significa aprobar su comportamiento o tolerarlo cuando te afecta negativamente. Se trata de reconocer sus acciones y su comportamiento sin imponer el deseo de que sean diferentes. Al igual que con la autoaceptación, aceptar a los demás crea un espacio no crítico que da la bienvenida a la curiosidad y al cambio.

Empatía en acción

Este ejercicio puede ser útil cuando te enfrentas a comportamientos evitativos que te hacen sentir decepcionado o desilusionado. Piensa en un momento específico de tu vida en el que sentiste que alguien importante estuvo ausente o menos comprometido cuando lo necesitaste. Elige un incidente que no sea demasiado activador en el momento presente.

Un momento en que alguien importante para mí me hizo sentir solo fue...

_____

_____

_____

En lugar de lo que hizo, me habría gustado que...

_____

_____

_____

La situación fue estresante para esta persona porque tiene dificultades con...

_____

_____

_____

Sé que esto fue estresante para esta persona porque...

_____

_____

_____

Se juzgó a sí misma o creyó que yo la juzgaba por _____. Pero, en realidad, todavía está aprendiendo a _____ y no siempre actúa de forma perfecta. Cuando se siente abrumada, puede _____. Reacciona de forma refleja y olvida cuánto la necesito.

Puedes hacer esto con varios incidentes; con la práctica, desarrollarás un enfoque para afrontar estas situaciones en tiempo real y también podrías desarrollar una mayor comprensión y empatía hacia tu pareja evitativa.

Comunicación sana

La mayoría de las personas con un estilo de apego evitativo se sienten incómodas con el conflicto y tienden a evitarlo. Sienten ansiedad y estrés cuando hay conflictos y responden evitándolos de alguna manera. Algunos simplemente no saben cómo presentarse adecuadamente cuando se trata de defender una posición. Se basan en ideas y autoridades externas para expresarse en lugar de sincerarse. Incluso cuando las personas con apego evitativo saben exactamente dónde se encuentran y qué quieren, pueden rendirse antes de completar la tarea, porque mantenerse asertivo y colaborativo al mismo tiempo puede resultarles intenso y abrumador.

En mi consulta, veo a menudo a personas que se sienten intimidadas e incluso aterradas ante el conflicto. Un enfoque que ayuda es cuando las parejas se mantienen «en la tarea», abordando solo un tema a la vez. Recomiendo encarecidamente que tú y tu pareja adoptéis este acuerdo mientras consideréis vuestras reglas para enfrentaros a los conflictos. ¿He mencionado que es una buena idea establecer reglas fundamentales? ¡Así es!

LaRhonda y Maree llevaban varios meses en terapia conmigo. Tenían estilos inseguros divergentes: LaRhonda era evitativa y Maree era más ansiosa. Cuando discutían, la ansiedad de Maree a menudo dominaba la interacción, con lo que LaRhonda sentía que tenía que estar a la altura y defenderse hasta que se sentía abrumada y se rendía. LaRhonda se sentía resentida, y Maree se preguntaba por qué no sentía la conexión ni el apoyo que anhelaba. Reconocieron que esto no era sostenible y acordaron intentar limitar sus conversaciones a un tema. Así es como se desarrolló una sesión de terapia poco después:

> –*Creo que la casa podría estar más ordenada* –*dijo LaRhonda.*

–¿No crees que hago un esfuerzo para mantenerla ordenada? –preguntó Maree.

Algunos meses antes, LaRhonda habría tomado esto como una señal de que Maree no estaría abierta a sus opiniones. Pero, como LaRhonda había estado trabajando en mantenerse centrada en su parte de los conflictos, continuó:

–Sé que lo haces. No se trata de que una u otra sea la causa del desorden. Sé que también olvido cosas. Me gustaría vivir en una casa más limpia.

Maree respondió:

–Está bien. Puedo esforzarme más, pero creo que no te das cuenta de lo descuidada que eres cuando dejas los platos en la encimera y tus cosas de trabajo en todas partes.

Nuevamente, LaRhonda anteriormente se habría sentido culpada, habría perdido impulso en la discusión y luego se habría desesperado. Respiró hondo y siguió adelante.

–¿Te gustaría saber qué me haría feliz? –hizo una pausa y esperó una respuesta.

–Claro, ¿qué?

Con gran esfuerzo, LaRhonda dijo:

−Me gustaría mucho que el salón y la cocina estuvieran ordenados a mitad de semana, antes del fin de semana, cuando hacemos la limpieza profunda. Creo que eso marcaría una gran diferencia.

−El problema es que a menudo salgo con mis amigos y no sé cuándo volveré a casa a mitad de semana −respondió Maree−. Tú sales con tus amigos mucho más los fines de semana y a veces me pregunto si te veré siquiera durante el fin de semana. Y, cuando te quedas en casa, te pones a jugar a videojuegos.

En este punto, la atención de Maree se desvió del tema de la limpieza hacia una queja habitual: no siente que pasa suficiente tiempo con LaRhonda. Si LaRhonda no hubiera dicho algo para mantenerlas centradas, lo habría hecho yo, porque no quería que perdieran su impulso hacia delante. Pero no fue necesario.

−Podemos hablar de los videojuegos en otro momento, cariño. Ahora estamos hablando de limpiar la casa. Entonces, ¿qué te parece mi idea de establecer una forma de limpiar el salón y la cocina a mitad de semana para que no tengamos que vivir en una casa desordenada hasta el fin de semana?

−Bueno, está bien. Puedo vivir con eso. Solo tenemos que ponernos de acuerdo en los detalles.

Ambas lograron llegar a la meta.

Cambiar los patrones de relación a veces requiere perseverancia. En cada momento crucial, LaRhonda tomó el control para dirigir la conversación. Mantuvo el enfoque y la colaboración, y se aseguró de que sus patrones evitativos no la detuvieran. No desarrolló estas habilidades de la noche a la mañana, pero sabía que la relación no podía soportar las mismas peleas una y otra vez. Con el tiempo, encontró la confianza para expresar sus pensamientos. También ayudó que vio a Maree hacer un esfuerzo por ser menos reactiva y más receptiva a sus propios intentos de hablar.

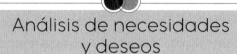

Análisis de necesidades y deseos

En este ejemplo, LaRhonda hizo un buen trabajo reorientando la conversación cada vez que se desviaba del tema. Esta es una habilidad multifacética, pero LaRhonda tuvo que comenzar en algún punto. Lo primero que hizo fue tomar conciencia de su fuerte preferencia por el orden en el hogar.

Ahora, analiza un tema en una relación específica con el que no te sientas totalmente satisfecho. Si no te viene ninguna idea clara, simplemente haz una suposición. El objetivo es analizar tus pensamientos y deseos sobre esa relación en particular.

Cuando pienso en esta relación, lo que no me satisface es…

_____

_____

_____

_____

_____

Lo que me haría feliz sería…

_____

_____

_____

_____

_____

Si obtuviera lo que quiero, me sentiría...

_____

_____

_____

_____

¿Cómo afectará esto a mi relación a largo plazo si nunca defiendo mis intereses en este tema?

_____

_____

_____

_____

ESCALA DE PUNTUACIÓN: *¿Cuánto esfuerzo estoy dispuesto(a)*
a hacer para mantenerme firme en este tema? (Rodea con un círculo).

Muy poco   **Todo**

LaRhonda no se rindió cuando la conversación empezó a frustrarla. Después de aprender sobre el estilo de apego de Maree, se dio cuenta de que esta no estaba tratando de culparla ni cambiar el enfoque de la conversación a propósito. LaRhonda sabía que el estrés del condicionamiento del apego puede afectar a las personas de manera diferente y a veces hace que la conversación sea menos ordenada y más caótica. También recordó que ella y Maree habían acordado intentar enfrentarse a los conflictos de manera más ordenada entre ellas para reducir la posibilidad de que la conversación se desviara y ambas tuvieran una noche difícil juntas.

En lugar de rendirse cuando escuchó que Maree la criticaba y la culpaba, LaRhonda dio las siguientes respuestas:

> «Sé que haces un esfuerzo, pero no se trata de que una o la otra sea la causa del desorden. No se trata de que una u otra sea la causa del desorden. Sé que también olvido cosas. Me gustaría vivir en una casa más limpia».

> «¿Te gustaría saber qué me haría feliz? [...] Me gustaría mucho que el salón y la cocina estuvieran

ordenados a mitad de semana, antes del fin de semana, cuando hacemos la limpieza profunda. Creo que eso marcaría una gran diferencia».

«Podemos hablar de los videojuegos en otro momento, cariño. Ahora estamos hablando de limpiar la casa. Entonces, ¿qué te parece mi idea de establecer una forma de limpiar el salón y la cocina a mitad de semana para que no tengamos que vivir en una casa desordenada hasta el fin de semana?».

Argumentar en relación con algún asunto

En este ejercicio, practicarás argumentando en relación con el asunto que escribiste en el ejercicio anterior. Tu objetivo en esta conversación es:

- Limitarte al tema en cuestión.
- Mantenerte centrado.
- Comunicar respeto y tranquilidad.
- Llegar a un acuerdo satisfactorio.

Piensa en respuestas adecuadas para estos retos de comunicación habituales.

Tu pareja se siente atacada y te culpa:

_____

_____

_____

_____

_____

Tu pareja trae a colación el pasado y, de nuevo, parece que te culpa:

_____

_____

_____

_____

_____

Tu pareja lanza otra queja en respuesta sobre un tema completamente diferente:

_____

_____

_____

_____

Desarrollar las habilidades para encontrar una forma sana de comunicarse, tanto si tú eres evitativo como si lo es tu pareja, lleva tiempo y esfuerzo, pero la relación mejorará. Es posible que tengas que respirar hondo y aguantar, como hizo LaRhonda, pero con el tiempo se volverá más fácil.

Cómo fortalecer tus lazos

Nos apegamos a las personas para sentirnos conectados en el mundo con alguien seguro y reconfortante. Algunos de esos lazos son líneas vitales primarias de las que dependemos. Cuando se trata de fortalecer esas conexiones para que puedas disfrutar más plenamente de tus relaciones, es importante gestionar el estrés de apego que puede surgir. El siguiente ejercicio te ayudará a reflexionar sobre tu estrés de apego, así como el de tu pareja. Ser más consciente de ellos es un paso para poder gestionarlos de forma conjunta.

Matriz de perspectiva

El año pasado David se comprometió con Vasna, y sus tendencias de apego evitativo han surgido en el proceso de planificación de la boda. Vasna ha estado extremadamente entusiasmada con la planificación. David ha acordado numerosas veces sentarse y ayudar con ello porque pensaba que debía hacerlo, pero en realidad no le ha dedicado tiempo. A David no le gusta mucho planificar y no está seguro del tipo de boda que quiere o que puede pagar. Para calmar su ansiedad sobre el dinero, ha estado trabajando más horas, pero no ha hablado mucho con Vasna al respecto. Vasna se está volviendo más impaciente cada día y ha comenzado a sentirse herida porque David no parece estar tomándose la boda en serio.

Situaciones como esta a menudo causan conflictos debido a una comprensión inadecuada de cómo está experimentando el estrés la persona con apego evitativo. A continuación, te propongo un ejercicio que podrías usar para captar estos matices, ya sea que la persona con comportamiento evitativo seas tú o tu pareja. Aquí tienes un ejemplo de matriz, inspirada en el comportamiento evitativo de David.

Nombre	¿Cómo se experimentó la situación?	¿Qué es estresante (considerando el estilo de apego)?	¿En qué medida es estresante? (1-10)
David	Estoy estresado por el dinero y por eso estoy trabajando más horas para ahorrar para la boda. Vasna no parece estar demasiado preocupada por el dinero, así que no creo que me entienda realmente.	Estrés por el dinero.	5 Moderado
		Miedo de decepcionar a Vasna.	9 Muy alto
		No se me da bien planificar.	7 Alto

Aunque David tenía diversos factores estresantes (desde moderados hasta muy estresantes), no los comunicó directamente a Vasna, ni ella era consciente de ellos. Una conversación para aclarar estos factores estresantes podría haberlos ayudado a entender lo que estaba pasando.

Ahora, crea tu propia matriz de perspectiva en torno a una situación que haya desencadenado un comportamiento evitativo en ti o en tu pareja:

Nombre	¿Cómo se experimentó la situación?	¿Qué es estresante (considerando el estilo de apego)?	¿En qué medida es estresante? (1-10)

Este es un ejercicio al que puedes regresar cuando tú o alguien que te importa estéis actuando de manera evitativa. Esta hoja de trabajo puede ayudarte a ver si ambos estáis al tanto de vuestros factores de estrés.

Resumen del capítulo

- El apego evitativo se da cuando el simple acto de vincularse (dependencia) hace que alguien sea propenso al estrés de una manera que activa comportamientos y patrones que tienden a ser despreciativos o evitativos.
- Cuando se trata de responder al apego evitativo, es más efectivo tener en cuenta la seguridad y el alivio del estrés antes que las soluciones.

Las habilidades que puedes aprender al trabajar en este capítulo incluyen:

- Cómo plantear un problema para hablar de él y mantener la conversación centrada.
- Cómo identificar las experiencias específicas que desencadenan una respuesta evitativa mediante el «Inventario de evitación» (página 92).
- Cómo reconocer cuándo tu pareja está fuera de su intervalo de tolerancia y qué hacer al respecto.

El estilo de apego seguro

Finalmente, hemos llegado al estilo de apego seguro, el modelo saludable al que todos aspiramos en las relaciones. Las personas que tienen este estilo o lo desarrollan no son propensas a experimentar estrés adicional cuando se trata de vincularse y depender de personas cercanas a ellas. Aunque tu puntuación no te coloque en esta categoría, este capítulo será una guía de lo que es posible alcanzar.

Rasgos del estilo seguro

Las personas con un estilo de apego seguro:

- Pueden adaptarse fácilmente a nueva información y circunstancias cambiantes.
- Priorizan las relaciones y son optimistas acerca de ellas.

- Valoran la reconciliación cuando se produce un daño o una traición en una relación.
- Saben gestionar con confianza las diferencias y la complejidad en las relaciones.

Tener apego seguro te permite pensar y procesar de manera clara, incluso cuando las cosas son complejas o tienes un conflicto. Tu sistema nervioso no se estresa por estar cerca de los demás, lo que te libera de la necesidad de defenderte contra la ansiedad no deseada que se desencadena por la cercanía y la intimidad. Esto te permite concentrarte en resolver problemas con tu pareja romántica, familiar o amigo cercano. El vínculo con los demás, que es una necesidad universal humana, es una experiencia fluida y placentera por lo general.

Aquí tienes algunos ejemplos de clientes que han pasado por mi consulta y que tienen un estilo de apego predominantemente seguro:

Tilda se había enfrentado a una avalancha de tragedias y mala suerte el año anterior. La despidieron del trabajo y su madre falleció a causa del cáncer. Meses después, ella y su marido perdieron la casa en un incendio forestal. Está agradecida porque la relación con su marido le brindó estabilidad durante todas estas terribles noticias.

«Fue difícil para ambos, pero sabíamos que al final lo superaríamos —me dijo Tilda—. No sé qué habría hecho sin él».

Ayanna es una ingeniera de software que ama su trabajo y ha desarrollado una excelente relación laboral con su equipo. Cuando algunos amigos que forman parte del equipo le pidieron que se uniera a su arriesgada idea de crear una nueva empresa, se lo pensó durante un tiempo porque normalmente es cautelosa con los riesgos. No fue una decisión fácil, pero aceptó porque valoraba las relaciones y creía en su capacidad para seguir creando proyectos nuevos y emocionantes juntos.

Harvey trabaja turnos de cuarenta y ocho horas como bombero. Cuando llega a la estación de bomberos, siempre está listo para confiar su vida a sus compañeros de equipo y está comprometido a hacer todo lo que esté a su alcance para no decepcionar a nadie.

El apego seguro no hace que las personas sean inmunes a los problemas en las relaciones. Quienes tienen este estilo de apego pueden cometer los mismos errores y aprender las mismas lecciones que todos los demás. Pueden relacionarse con personas que no son buenas para ellos, no gestionar bien los conflictos en una relación y actuar de forma evitativa o reactiva, entre otras cosas. Sin embargo, tienden a recuperarse más rápido y completamente de las decepciones y aprenden de estas experiencias para evitar repetirlas en la medida de lo posible. En otras palabras, las personas con apego seguro muestran más resiliencia en sus relaciones.

¿Cómo lo hacen? Recuerda que la *seguridad en el apego* es la sensación de que cuando nos relacionamos con los demás de la manera más íntima, tanto emocional como físicamente, estas personas nos quieren bien: no nos traicionarán ni nos abandonarán. A través de sus experiencias, las personas seguras han aprendido que es posible confiar en los demás y contar con ellos. Por lo general, han tenido la suerte de recibir cuidados adecuados desde una edad temprana. Y cuando tuvieron experiencias negativas, hubo alguien que las ayudó a superarlas. Este tipo de experiencia formativa temprana las ayuda a moverse con naturalidad en el ámbito de las relaciones.

Autoconsciencia

Al igual que con cualquier otro estilo de apego, hay individuos con apego seguro que presentan todas las formas, tamaños, antecedentes y personalidades. Los que tienen apego seguro experimentan toda la gama de altibajos, al igual que cualquier otra persona en una relación, y su autoconsciencia es un proceso importante de aprendizaje. Si has obtenido una puntuación baja en inseguridad y alta en seguridad en el «Cuestionario de apego» (página 25), es probable que te reconozcas en la siguiente descripción. Si hay partes que no te representan, ten en cuenta que la noción de un apego seguro perfecto es ideal y refleja una idea general más que una persona específica en un momento determinado. Finalmente, los aspectos más importantes del estilo seguro pueden aprenderse a través de la consciencia y el desarrollo.

CÓMO SE MANIFIESTA
EL APEGO SEGURO EN TI

Valoras mucho las relaciones que son importantes para ti. Obtienes mucho de ellas, incluso cuando las cosas no son perfectas, en parte porque aceptas que ninguna relación es perfecta. Lo importante es que estas relaciones te dan fuerza a diario y también en momentos de crisis.

Eres bastante flexible cuando se trata de tus relaciones. Eres sensible a tus propias necesidades y deseos, así como a los de los demás. Si pecas de algo es de que a veces puedes ser demasiado complaciente, pero rara vez llegas al punto de sacrificar por completo tus propias necesidades. Si lo has hecho en el pasado, has aprendido de ese error.

Te sientes cómodo teniendo ciertas necesidades y eres capaz de comunicarlas y hacer peticiones. Si la otra persona no satisface tus necesidades, puede ser un poco decepcionante, pero sigues adelante. Buscas formas de satisfacerlas en otro lugar. Sabes que no estabas equivocado por pedir y que tus necesidades son válidas.

Cuando hay un problema, tiendes a enfocarte en el problema en sí en lugar de en las personas involucradas. Aunque puedes reconocer que todo el mundo tiene fallos, incluido tú mismo, culpar a otros no parece ser productivo. Todos somos como somos. Buscas ayuda cuando un problema realmente te desconcierta.

Si descubres que has herido a alguien que te importa, haces todo lo posible para solucionarlo. Eres capaz de hacer esto de manera sistemática sin ponerte a la defensiva ni rendirte porque eres consciente de que puedes afectar a los demás de manera negativa, incluso cuando tienes buenas intenciones. Por otro lado, cuando te han herido profundamente, das a la otra persona la oportunidad de arreglar las cosas contigo. No guardas rencor.

Tu enfoque hacia la pareja romántica es bastante relajado. Sería genial encontrar a alguien adecuado de inmediato pero, si lleva tiempo, también está bien. Cuando encuentras a alguien que te interesa, tiendes a tomarte tu tiempo para conocer a esa persona. Aunque estés perdidamente enamorado, puedes hacer un análisis mental de lo compatibles que sois a largo plazo y dejar que eso influya en tus decisiones sobre la relación. Piensas en el futuro y haces planes, pero no te estresas demasiado por los detalles ni te quedas atrapado en el pasado cuando las cosas se complican.

Cuando estás en una relación con alguien, avanzas hacia metas y visiones positivas compartidas junto a la otra persona, en lugar de entender la relación como un juego de suma cero,* que solo permite que uno obtenga lo que quiere en cada ocasión.

Aunque no hay un solo factor que prediga un estilo de apego seguro, hay condiciones tempranas que lo fomentan. Es probable que te hayas sentido valorado y reconocido por uno o ambos padres. Además de eso, es posible que también hayas contado con el apoyo de maestros, amigos y familiares que te alentaron y apreciaron. Ya sea en casa o en otro lugar, tuviste una figura guía

---

* N. de la T.: En un juego de suma cero no existe la cooperación para que todos puedan alcanzar un punto de mayor beneficio; lo que ha ganado un competidor proviene necesariamente de lo que ha perdido otro. (Fuente: economipedia.com)

que te brindó consuelo y apoyo cuando lo necesitabas, y te sirvió como un lugar seguro desde el cual explorar la complejidad del mundo. Esto a su vez te dio confianza en que las cosas funcionarían en tu vida, de una forma u otra. No es una fe ciega; tu enfoque hacia la vida y las relaciones te permite verlas como un proceso evolutivo y en constante desarrollo. Siempre hay algo nuevo que obtener y descubrir.

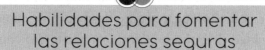

Habilidades para fomentar las relaciones seguras

Desarrollar mejores habilidades para las relaciones es un proceso. Cuanto más empeño pongas, más mejorarás. Tómate un momento aquí para hacer un inventario de las cosas que haces bien y las cosas que te gustaría mejorar. (Puedes hacer esto aunque tengas un estilo de apego *inseguro*).

Para cada elemento, coloca una marca de verificación junto a las cosas que ya haces bien y un símbolo de suma para las habilidades que deseas mejorar.

☐ Detectar si las personas que me importan no están siendo completamente honestas.

☐ Detectar rápidamente si las personas que me importan están molestas en una conversación.

☐ Mantener una conversación centrada en el tema durante un conflicto.

☐ Demostrar aprecio hacia mis seres queridos y comunicárselo.

☐ Calmar a mi pareja.

☐ Conocer mis propios límites con el tiempo, la energía emocional o la comodidad/salud física.

☐ Comunicar mis sentimientos, necesidades o deseos.

☐ Tomar la iniciativa en una relación.

☐ Colaborar para que los dos salgamos ganando.

☐ Aportar calma en interacciones estresantes.

☐ Mostrar agradecimiento y gratitud.

Cada uno de estos puntos es una habilidad importante para fomentar la seguridad en las relaciones cercanas. ¡Tómate un momento para evaluar las cosas que ya haces bien y felicítate por ello! Ahora, para los elementos en los que quieres mejorar, ¿qué formas se te ocurren para avanzar? Si no se te ocurre nada, consulta a un amigo al que respetes y pídele sugerencias.

_____

_____

_____

_____

_____

¿Cuáles son algunas formas en las que puedo mejorar en las áreas que quiero desarrollar?

Ejemplo: Puedo ver un documental o vídeo educativo sobre el engaño para mejorar a la hora de detectar cuándo las personas no son sinceras. También podría ir a clases de improvisación para aprender a liderar y colaborar mejor en encontrar soluciones beneficiosas para todos.

_____

_____

_____

_____

CÓMO SE MANIFIESTA EL APEGO SEGURO EN LAS RELACIONES

Al igual que las personas con un apego inseguro no *siempre* se comportan de manera insegura en las relaciones, las personas con un apego seguro tampoco se comportan de forma segura en todo momento. Pero cuando se comportan de manera insegura y surge un conflicto, las cosas fluyen mucho más fácilmente y se resuelven más rápidamente.

Quienes responden de forma segura suelen ser equilibrados y estar orientados al presente. No se preocupan demasiado por el futuro ni se quedan aferrados al pasado. Abordan lo que debe abordarse en el presente, ¡lo cual es más difícil de lo que parece! Cuando alguien está en desacuerdo con ellos, pueden argumentar de manera convincente sin menospreciar a la otra persona.

Son colaborativos en el sentido más auténtico. Valoran la equidad y no sacrifican las necesidades de los demás por las suyas ni viceversa. Se esfuerzan por ser justos y permiten a los demás expresarse exactamente como necesitan.

Puede ser un gran regalo que las personas con apego seguro confíen en sus instintos y tengan la habilidad de liderar durante momentos de estrés. Debido a que su sistema nervioso tiende a ser más equilibrado, si alguien está molesto con ellas no tienen sentimientos de abandono que las hagan reaccionar ni de agobio que las lleven a la evitación.

Consciencia de los demás

Es importante no encasillar a nadie basándose en una idea fija sobre su estilo de apego. Las personas que funcionan desde un apego seguro tienden hacia respuestas más justas y colaborativas, pero cualquiera puede responder de esta manera, independientemente de su estilo de apego. Por lo tanto, es más importante poder reconocer comportamientos que reflejan un funcionamiento seguro en lugar de hacer suposiciones basadas en una etiqueta. Ser capaz de reconocer el apego seguro te ayudará a identificar un camino productivo para resolver algo en la relación.

CÓMO SE MANIFIESTA EL APEGO SEGURO EN LOS DEMÁS

Estar en una relación con alguien que tiene un apego seguro puede ser así: imagina que estás aprendiendo a hacer malabares con alguien. Os lanzáis las pelotas de un lado a otro y aprendéis trucos. A veces podéis mantener las pelotas en el aire por un tiempo y otras veces se caen. Todo es una experiencia de aprendizaje. Tu compañero de malabares está haciendo lo mismo y es más o menos fiable. Cuando las pelotas se caen, las recoge y las vuelve a lanzar. Sientes que con la participación de tu pareja ambos mejoráis y es *divertido*.

Para reconocer el apego seguro, también necesitas saber cómo reconocer comportamientos que a menudo se confunden con la seguridad, pero en realidad ocultan inseguridad (lo que Stan Tatkin denomina *pseudoseguro*). Los rasgos pseudoseguros pueden causar confusión cuando estás empezando a conocer los entresijos del estilo de apego seguro. A continuación, se ofrece una lista de dinámicas de relación y rasgos que a veces pueden parecer comportamientos seguros, junto con sugerencias para responder a ellos de manera productiva. Recuerda que la idea del apego seguro aquí es un ideal. Siempre hay espacio para evolucionar y crecer.

Rasgos pseudoseguros:

- Siempre o frecuentemente se adapta a lo que tú quieres. En una relación hay dos personas. Si alguien dice que está de acuerdo contigo, incluso cuando sospechas que no lo está (al menos no completamente), no es un rasgo de seguridad. Si no lo tienes claro, pregúntale por qué está de acuerdo y busca evidencias reales de que esa persona también está obteniendo algo valioso.

- Parece perfecto sobre el papel o en las redes sociales. Un compañero o una relación pueden parecer perfectos cuando el contenido se selecciona, se muestra selectivamente y, a veces, se escenifica.

Estas escenas preparadas no te dan ninguna información sobre cómo se comporta alguien realmente bajo estrés con otras personas. Trata de no creer en suposiciones para las cuales no tienes pruebas que las respalden.

- Responde con una queja sobre ti cuando planteas una preocupación o un disgusto, argumentando que «es lo justo». Si contrarresta con un tema no relacionado, generalmente significa que, realmente, no puede tolerar tus comentarios. Si esto sucede, pregúntale si puede estar de acuerdo en centrarse en tu tema y dile que estás dispuesto a abordar *su* queja posteriormente.

- Está siempre ahí para apoyarte, pero aparenta no tener problemas ni necesitar apoyo. Si se trata de una relación en la que valorarías el apoyo mutuo, plantéate por qué no muestra sus necesidades en la relación. ¿Esta dinámica afecta negativamente a la relación? ¿Te hace sentir como si fueras un desastre que necesita ser rescatado siempre? ¿Te hace sentir como si fueras una carga demasiado pesada para la otra persona? Piensa si esto realmente te funciona.

- Afirma que debe poder hacer lo que quiera en una relación porque no desea sentirse controlado. Sí, las personas deberían ser libres de tomar decisiones, pero también deben aceptar que lo que hacen afecta a los demás. Si esto sucede, asegúrate de tener claro personalmente qué límites te hacen sentirte seguro y cómodo contigo mismo. Recuerda, tú decides qué es y qué no es aceptable para ti.

- Insiste en tratar ciertos problemas porque siente ansiedad, aunque te abrume o no sea el momento adecuado. La gestión de conflictos es necesaria, pero no siempre es divertida y a veces suscita emociones difíciles. Sin embargo, no se considera seguro que alguien pase por alto tu incomodidad extrema y te obligue a hacer algo para lo que no te sientes preparado. Si esto sucede, pide tiempo y hazle saber las condiciones que te ayudarían a hablar sobre ese tema de manera productiva. ¿Quieres hablar en persona? ¿Por escrito? ¿Podéis tratar el tema solo durante una hora?

- No se enfada, pero te critica cuando tú lo haces. Cuando las personas son seguras, tienden a no hacerte sentir mal por *tus* emociones. Si esto sucede, trata de mostrar curiosidad sobre por qué intenta culparte. Pregunta si las emociones difíciles, como la ira, le incomodan.

- Te dice que tus habilidades relacionales no están a la altura. Utilizar la vergüenza o el juicio es una forma primitiva de ejercer influencia sobre otra persona. No es lo mismo que la responsabilidad, donde los acuerdos están claramente definidos y se puede separar la acción de la persona. Si esto sucede, retrocede un paso y recuerda cuáles son tus objetivos en cuanto a la relación. Luego, decide si intentar redirigir la conversación hacia algo más productivo o responder de otra manera.

Reconocer el apego seguro es complejo y puede llevar tiempo comprenderlo completamente. Como regla general, el comportamiento de apego seguro en las relaciones permite que más de una persona se sienta bien, tenga razón y satisfaga sus necesidades. Si uno de los miembros está obteniendo una o más de estas cosas a expensas del otro, no es apego seguro.

Continuando con el análisis de las complejidades del apego seguro, los enfoques seguros e inseguros pueden parecer iguales si no conoces los pensamientos y sentimientos que motivan a la persona a tomar una decisión. Imagina esto: dos de tus amigos, Dru y Arron, tienen relaciones a largo plazo con parejas femeninas. Te dicen que acordaron hacer una gran concesión a sus parejas y renunciar a la oportunidad de ser padres, a pesar de que ambos te habían dicho anteriormente que querían tener hijos. La diferencia es que Dru lo hace desde una perspectiva de apego seguro, mientras que Arron lo hace desde una perspectiva de apego inseguro.

Después de hacer un esfuerzo considerable para comprender la posición de su pareja, Kari, y explicar la suya, Dru acepta que ambos quieren cosas diferentes y ambos tienen razones válidas. Sabe que Kari no cederá en su posición. Se siente triste cuando piensa en la posibilidad de perder a Kari o perder la oportunidad de ser padre; pero imagina que podría ser feliz sin hijos, mientras que le resulta difícil imaginar ser tan feliz sin Kari. Esto lo lleva a hacer una concesión, con la condición de que se impliquen en la vida de sus sobrinos. Después de llegar a un acuerdo, Dru se alegra de dejar el tema atrás para poder aprovechar al máximo su vida juntos, principalmente sin niños.

Arron y su pareja, Wilma, han discutido sobre tener hijos durante los últimos dos años, y él está agotado. Wilma no cede. Arron no quiere perder la relación y se siente paralizado sobre qué hacer a continuación. Si deja de mencionarlo, no tendrán que pelear al respecto nuevamente; por lo tanto, acepta la derrota y le dice a Wilma que ya no insistirá más. Cuando piensa en su decisión, siente más que un simple resentimiento y percibe que tal vez está dispuesto a hacer más sacrificios por la relación que su pareja.

Aunque Dru y Arron tomaron la decisión de renunciar a la oportunidad de ser padres para que sus relaciones funcionaran, lo hicieron con diferentes motivaciones. Como consecuencia, experimentaron resultados diferentes. Para entender realmente el estilo de apego de alguien, no hay que tener en cuenta solo las acciones. Es necesario comprender las motivaciones, los sentimientos y los pensamientos de la persona.

En una situación desafiante, como lidiar con una pareja cuyos miembros quieren compartir una vida, pero tienen deseos muy diferentes, partir de una base segura permitirá una mayor claridad ante la complejidad.

Enfoque seguro frente a inseguro

Como vimos con Dru y Arron, el resultado básico puede ser el mismo, tanto si tienes apego seguro como inseguro, pero la experiencia interna de sentimientos y pensamientos antes, durante y después de la decisión puede ser muy diferente. En este ejercicio, tendrás la oportunidad de elegir una decisión que hayas tomado dentro de una relación y explorar las razones subyacentes a esa decisión según el apego seguro o inseguro. Por ejemplo, la siguiente hoja de trabajo describe las decisiones de Dru y Arron de renunciar a la paternidad.

Decisión: Hacer una gran concesión y acordar no tener hijos, a pesar de que ser padre era un sueño	
Enfoque inseguro (Arron):	**Enfoque seguro (Dru):**
1. Tiene miedo de perder la relación. 2. Se siente paralizado por la indecisión de alguna manera. La inacción y no tener hijos sería la opción predeterminada. 3. No quiere crear más conflicto, lo que los haría a ambos sentirse mal, por lo que la concesión parece sensata. 4. Se queda con sentimientos de resentimiento y derrota.	1. Se siente triste tanto por la posibilidad de perder a su pareja como por perder la oportunidad de ser padre. 2. Puede imaginar ser feliz sin hijos, teniendo en cuenta que es mejor que estar sin su pareja, que es tan valiosa para él. 3. Hace la concesión y pide algo a cambio. 4. Se siente aliviado por haber tomado una decisión y puede seguir adelante.

Ahora es tu turno. Rellena tu propia hoja de trabajo, comenzando por una decisión que ya hayas tomado concerniente a una relación. Luego, escribe tus pensamientos y sentimientos sobre la decisión en la columna correspondiente (enfoque seguro o inseguro). A continuación, indica pensamientos y sentimientos que se ajustarían a la otra categoría, aunque sean hipotéticos. El objetivo es practicar para identificar si los pensamientos y sentimientos provienen de un lugar seguro o inseguro.

Decisión

La decisión es:

Enfoque inseguro:	Enfoque seguro:

Preguntas para tener en cuenta:

1. ¿Qué condiciones te ayudan a tener un enfoque seguro en una relación?
2. ¿Qué condiciones fomentan un enfoque inseguro?

CÓMO RESPONDER AL APEGO SEGURO

Si reconoces el apego seguro en una relación, es probable que sientas que la otra persona colabora contigo para obtener el mejor resultado posible. El mejor modo de responder es mostrando tu propia disposición a colaborar de manera mutuamente satisfactoria. Cuando dos personas hacen esto, existe un gran potencial para lograr cosas juntos.

Por supuesto, esto significa dejar claras tus necesidades, deseos y postura sobre el tema en cuestión, en la medida de lo posible. Intenta comprender también las necesidades y deseos de la otra persona.

Cuando hay conflicto, es importante entender los objetivos comunes. Si sois pareja romántica, puede que queráis fortalecer vuestra relación frente a nuevos desafíos. Si sois socios comerciales, el objetivo podría ser aclarar qué valores son importantes para un nuevo negocio. Si sois padres e hijos adultos, el objetivo podría ser descubrir una relación como amigos y en igualdad de condiciones.

Si algo obstaculiza la colaboración en los objetivos comunes, abórdalo en primer lugar. Podrían ser otras relaciones, responsabilidades o déficits personales.

Imagina una interacción segura frente a un conflicto

La mayoría de nosotros nos enredamos tanto en el ritmo acelerado de los conflictos que a veces no nos damos cuenta de cuando el otro nos está haciendo una ofrenda de paz. Si nos perdemos estos momentos, las peleas duran más y son más estresantes.

Recuerda alguna vez en la que estuvieras involucrado en un conflicto difícil en una relación que no salió bien y la otra persona reaccionó por miedo o dolor. Recuerda cómo fue esto: los sentimientos, los pensamientos y las sensaciones corporales que experimentaste en respuesta.

¿Qué hizo la otra persona que desencadenó tu reacción?

_____

_____

_____

.

_____

Ahora, imagina que la otra persona puede pensar y sentir más allá de sí misma, en lugar de solo estar asustada o herida, y puede hacer un esfuerzo real para comprender tu perspectiva. Imagínala como su versión más generosa y compasiva. Te habla con calma y te mira con un brillo cálido en los ojos. ¿Cómo te sientes ahora?

_____

_____

_____

_____

Probablemente te has sentido mejor. Esto es lo que sucede cuando sentimos que la persona que nos importa nos tiene en cuenta. Si es así, deja que esa sensación positiva te inunde. Ahora, imagina cómo mostrarías aprecio por esa respuesta diferente. ¿Cómo expresarías tu agradecimiento y animarías a la otra persona a seguir haciendo lo que ves y escuchas que está haciendo? (Ejemplo: «Le daría un abrazo, le daría las gracias y le diría cosas en las que creo que tiene razón»).

_____

_____

_____

_____

Aprender a aceptar

Es necesario aceptar la realidad para tener relaciones sanas, ya sea aceptando lo que tu pareja piensa y siente, comprendiendo que ambos os habéis decepcionado mutuamente o tal vez aceptando circunstancias externas que afectan a la relación. Si los procesos de la relación fueran una receta, la aceptación sería reunir los ingredientes necesarios. Si omites ingredientes o haces sustituciones inapropiadas, sin importar cuánto te esfuerces, es posible que la receta no salga como se pretende.

AUTOACEPTACIÓN

Como siempre, comienza por ti. ¿Con qué frecuencia reconoces dónde te encuentras y los aspectos de ti que no son perfectos? Aceptarte a ti mismo implica darte el espacio para que algo sea *tal como es,* para aceptarlo y no gastar energía y recursos valiosos tratando de luchar en contra de ello. Esto se aplica a las sensaciones del cuerpo, los pensamientos y los sentimientos, así como a las acciones que ya se han producido: surgen y pasan. No siempre podemos controlarlos, ni es necesario hacerlo.

Acéptate como perfectamente imperfecto

¿En qué áreas de la relación esperas perfección de ti mismo o te criticas mucho cuando no lo haces bien? (Ejemplo: «Soy muy duro conmigo mismo cuando hago que mi pareja se enoje»).

¿Cómo te sientes cuando te criticas a ti mismo? (Ejemplo: «Me siento desanimado»).

_____

_____

¿Qué haces cuando te sientes así? (Ejemplo: «Comer en exceso»).

_____

_____

La autocrítica excesiva rara vez es una forma útil de cambiar o fomentar nuevos comportamientos. Reconociendo lo duro que puedes ser contigo mismo, tómate un momento para prestar atención a la parte de ti que paga el precio. ¿Es tu cuerpo y tu salud física? ¿Es tu autoestima? ¿Es tu yo práctico que pierde tiempo y energía mental? ¿Qué mensaje tiene esta parte de ti para el resto de tu ser?

ACEPTAR A LOS DEMÁS

Un reto que suele presentarse a la hora de aceptar el estilo de apego seguro de alguien es que puede ser diferente del propio. Por tanto, puede parecernos desconocido o ajeno. La mayoría de nosotros reconocemos el amor y el cuidado de las formas que hemos visto y experimentado. Si alguien se preocupa por nosotros de manera diferente, aunque *debería* hacernos sentir bien, puede resultar difícil procesarlo como amor o cuidado.

Por ejemplo, Tasha y Lyla llevaban seis años juntas y estaban decidiendo si casarse. Tasha tenía un estilo de apego seguro, mientras que Lyla tendía más al apego inseguro con comportamientos ansiosos. El siguiente es un ejemplo de cómo el apego seguro puede parecer desconcertante para alguien con un estilo de apego inseguro:

–¿Cómo puedes estar tan segura de que somos adecuadas la una para la otra? –preguntó Lyla.

–No sé lo que pasará en el futuro, pero creo que funcionará. Sé que harás lo posible para que la relación vaya bien, igual que yo –contestó Tasha.

–Pero a veces pienso que sería más feliz con alguien que quiera vivir en la ciudad y ver el mundo. Fantaseo con eso.

–Bueno, ¿hasta qué punto es importante eso para ti? Puedo acompañarte en algunos de tus viajes y podemos llegar a un acuerdo sobre dónde vivir.

–Lo sé, ya lo has dicho antes –Lyla hizo una pausa y pensó durante unos segundos, luego su ansiedad empeoró–. Pero ¿cómo puedes estar tan segura? ¿Y si pudiera ser más feliz con otra persona?

No había nadie más en su vida en ese momento, pero una característica del apego inseguro es que resulta difícil tomar decisiones y sentirse a gusto con ellas.

Tasha no podía saber cuál iba a ser el futuro, pero conocía bastante bien a Lyla. Sabía que esta tenía tendencia a dudar de las decisiones y los compromisos, incluso cuando al final terminaba estando bastante feliz con su elección. Había visto a Lyla pasar por la misma ansiedad cuando buscaba un apartamento y a la hora de elegir una universidad para estudiar un máster.

El razonamiento seguro de Tasha no siempre era reconfortante para Lyla, quien a veces lo consideraba esperanzador en el mejor de los casos e ingenuo en el peor. Sus experiencias pasadas con relaciones cercanas la habían llevado a pensar que los buenos sentimientos no duran y que las relaciones cambian cada pocos años. La comodidad de Tasha y su seguridad en que la relación sería duradera resultaban extrañas para Lyla. Le llevó un tiempo aceptar que sus diferencias en el estilo de apego eran la razón de sus posturas distintas y que eso estaba bien.

Puntos fuertes a la hora de relacionarse

¿Cuáles son tus puntos fuertes y los de tu pareja? Cuando interactúas con alguien que tiene un estilo de apego seguro, puede ser útil recordar tus puntos fuertes a la hora de relacionarte. Piensa en lo que cada uno aporta a la relación y en los dones que compartís. Si no estás trabajando en una relación romántica en este momento, piensa en cualquier otra relación significativa que tengas en mente, ya sea con tus padres, hermanos, mejores amigos o cualquier otra persona.

Ahora que has elegido una relación específica, ve a la columna «Yo» y pon una marca de verificación junto a cada rasgo que sea uno de tus puntos fuertes en la relación. Luego, ve a la columna «La otra persona» y haz lo mismo con los puntos fuertes de la otra persona en la relación.

Yo	La otra persona	Puntos fuertes
		Sinceridad
		Ecuanimidad
		Disposición para esforzarse y trabajar duro
		Empatía
		Disposición para ser abierto
		Honradez
		Ser una fuente de inspiración
		Compromiso
		Colaboración
		Aceptar las debilidades
		Proporcionar apoyo
		Perseverancia en momentos difíciles
		Fiabilidad

Yo	La otra persona	Puntos fuertes
		Coherencia
		Capacidad para desafiar al otro de manera positiva
		Jugar y divertirse
		Sentido del humor
		Disposición para expresar gratitud y aprecio
		Disposición para hacer sacrificios
		Otro:
		Otro:

Las formas en que cada uno contribuye a la relación pueden ser iguales o muy diferentes. Si son diferentes, trata de reconocer que algunas de las formas en que tu pareja comparte esas habilidades y talentos pueden resultarte desconocidas a veces. Si es así, trata de estar abierto a la nueva sensación de recibirlas de esta manera, poco a poco.

Comunicación sana

Tener relaciones cercanas y significativas generalmente se considera una de las pocas variables que pueden predecir la felicidad en la vida. Estas relaciones nos permiten compartir realmente quienes somos, ser apreciados y sentirnos apoyados. Una comunicación deficiente a menudo se menciona como uno de los retos para ser felices en las relaciones.

Un enfoque sano para la comunicación en las relaciones cercanas tiene en cuenta que la comunicación verbal no es perfecta ni lo será nunca. Las personas se equivocan al hablar o se malinterpretan todo el tiempo, a pesar de tratar de evitarlo. Solo podemos hacerlo lo mejor posible, poner nuestras mejores intenciones en juego y practicar el perdón cuando se produzcan malentendidos.

Uno de los principios centrales de casi todas las guías de comunicación sana es que el hablante se centre en compartir algo sobre sí mismo en lugar de sobre la otra persona. Muchos expertos en comunicación nos animan a hacer declaraciones sobre nosotros mismos, es decir, usar frases en primera persona en lugar de hablar sobre el otro. En vez de decir «no te importan mis sentimientos», podrías decir «no me siento comprendido o cuidado». La regla de usar frases en primera persona puede ser una herramienta útil, pero también puede causar confusión porque muchas frases en primera persona en realidad no comparten nada significativo sobre quien las pronuncia, como por ejemplo «creo que eres idiota».

¿Cuándo una frase en primera persona es realmente significativa?

El propósito de una frase en primera persona es crear una oportunidad para aumentar la comprensión y la conexión al compartir una parte de algo en lo que eres el mayor experto: tú mismo. Cuanto más reveladora sea una frase en primera persona, más significativa puede ser para comunicarse interpersonalmente con aquellos de quienes deseas estar cerca. Aquí tienes un ejemplo de una frase en primera persona que, aunque es simple, revela algo sobre el hablante:

Fui a la reunión temprano porque no me gusta llegar tarde.

Y aquí tienes un ejemplo de una frase en primera persona que no logra la misma conexión:

Pensé que la reunión iba a empezar antes de lo que lo hizo.

Aunque esta frase expresa un pensamiento que tuvo el hablante, no revela nada particularmente significativo sobre quién es o su experiencia interna. Nos aporta algo de contexto sobre el inicio de la reunión, pero no mucho más.

Este ejercicio te ayudará a practicar cómo detectar lo reveladora que es una frase en primera persona. Lee las siguientes oraciones. Si crees que una revela algo significativo sobre el hablante, rodea «Sí» con un círculo. Si crees que no lo hace, rodea «No».

1. Tengo miedo a la oscuridad.   Sí/No
2. He hecho que llegaras tarde.   Sí/No
3. Siento que me has faltado al respeto.   Sí/No
4. Necesito que dejes de decirme qué hacer.   Sí/No
5. Quiero que trabajemos más rápido
   en el proyecto.   Sí/No
6. No me siento deseado.   Sí/No
7. Te agradecería que te sentaras y
   hablaras conmigo.   Sí/No
8. Me tranquiliza que hayas llegado
   a casa sano y salvo.   Sí/No
9. Nunca volveré a comer en ese restaurante.   Sí/No

Clave de respuestas con explicaciones:

1. Sí.

Tengo miedo a la oscuridad. Esto revela una experiencia que el hablante tiene sobre sí mismo.

2. No.

He hecho que llegaras tarde. Aunque podría ser apropiado asumir la responsabilidad, esta no es una afirmación reveladora. El hablante se está atribuyendo la culpa sin proporcionar información significativa sobre su experiencia interna. Una afirmación más reveladora sería: «Me siento mal por haber tardado más de lo que esperaba en arreglarme».

3. No.

Siento que me has faltado al respeto. Esta afirmación expresa una evaluación, pero no revela nada sobre el hablante. Intenta en su lugar: «No estoy dispuesto a tolerar el tono de voz que estás usando conmigo».

4. No.

Necesito que dejes de decirme qué hacer. Esta afirmación suena más como una demanda y no revela nada directamente sobre el hablante. Prueba en su lugar: «Estoy demasiado distraído para aprovechar tus indicaciones en este momento».

5. Sí.

Quiero que trabajemos más rápido en el proyecto. Esta afirmación revela un deseo que tiene el hablante, pero podría ser más enfática. Intenta en su lugar: «Me encanta la idea de aumentar el ritmo de trabajo para que todos podamos terminar y salir temprano».

6. Sí.

No me siento deseado. Esta es una afirmación que claramente revela una experiencia interna que solo el hablante podría saber con certeza. Es un buen comienzo.

7. Sí.

Te agradecería que te sentaras y hablaras conmigo. Esta afirmación revela claramente una predicción sobre una experiencia interna.

8. Sí.

Me tranquiliza que hayas llegado a casa sano y salvo. De nuevo, esta afirmación cuenta algo sobre la experiencia interna del hablante.

9. No.

Nunca volveré a comer en ese restaurante. Esta afirmación puede ser precisa a la hora de predecir el comportamiento futuro, pero no es especialmente informativa sobre lo que el hablante experimentó en el restaurante. Intenta en su lugar: «La intoxicación alimentaria que tuve hizo que no quisiera volver a comer allí». Esta afirmación revela mucho más sobre lo que el hablante experimentó.

Cómo fortalecer tus lazos

Cuando nuestras relaciones cercanas nos respaldan y son nutritivas, tenemos un amortiguador contra el estrés y espacio para crecer y avanzar hacia nuestras metas. Hasta ahora, hemos visto que desarrollar la confianza, aceptarnos a nosotros mismos y a los demás lo mejor posible, y comunicarnos de manera personal y clara son ingredientes clave para mantener relaciones cercanas. Para fomentar un sentido aún mayor de conexión y apoyo positivo en una relación, me gustaría dar un paso más y hablar sobre algo que podría obstaculizar el fortalecimiento de los vínculos en una relación.

De niños, la mayoría de nosotros aprendimos la «regla de oro»: trata a los demás como te gustaría que te trataran. En general, esto sigue siendo válido. Normalmente, queremos tratar a los demás y ser tratados con amabilidad, responsabilidad y sinceridad. Sin embargo, en relaciones cercanas y relaciones amorosas, también tenemos el privilegio de aprender las peculiaridades y preferencias muy específicas de aquellos a quienes amamos. Los conocemos de cerca porque hemos pasado tiempo con ellos y les hemos prestado atención. Sabemos qué les hace sonreír y qué les alegra el día, y estas cosas pueden ser iguales o diferentes a lo que nos hace sonreír o nos alegra el día a nosotros.

Nuestras relaciones más importantes son especiales, ya que podemos conocer a los demás tan bien que tenemos la oportunidad de personalizar las experiencias positivas especialmente para ellos.

Haz feliz a alguien

Para crear un ambiente de apoyo y sostén en tus relaciones, haz activamente cosas que hagan feliz a alguien. Invertir un poco de esfuerzo en crear conexiones positivas en tus relaciones generará sentimientos reconfortantes para ambos. Adelante, rellena la siguiente tabla y comprométete a hacer todas estas cosas la próxima semana.

Una persona importante en tu vida	Algo que puedo hacer esta semana para hacerla feliz
Ejemplo: Mi hermano	Ejemplo: Enviarle un mensaje para decirle lo orgulloso que estoy de él por terminar la carrera

Resumen del capítulo

- El apego seguro describe un estilo de vinculación en el que no hay estrés por estar cerca o depender de los demás.
- Los recursos del cuerpo no se centran en gestionar el estrés y la amenaza, y por lo tanto pueden utilizarse para resolver los problemas de una relación.
- Tanto el enfoque seguro como el inseguro en una relación pueden conducir a resultados o acciones similares en apariencia. Es necesario profundizar en las motivaciones, los pensamientos y los sentimientos para ver las diferencias entre ambos.

Las habilidades que puedes aprender al trabajar en este capítulo incluyen:

- Cómo diferenciar entre el comportamiento de apego seguro y el comportamiento pseudoseguro.
- Cómo identificar una afirmación en primera persona que contiene una revelación significativa sobre el hablante.

CAPÍTULO CINCO

Interacciones entre estilos de apego

Este capítulo proporciona información y ejemplos de combinaciones específicas de estilos de apego en las relaciones. Cualquier combinación de estilos puede crear una relación en la que sus integrantes sean ambos fuertes y seguros, pero cada permutación también presenta desafíos únicos.

Es importante recordar que diferentes relaciones pueden resaltar distintos aspectos de tu estilo de apego. Cada relación tiene su propia firma compuesta por todo lo que cada persona proporciona, así como la historia compartida. Cada uno aporta dones y talentos, además de vulnerabilidades y carencias.

Los patrones de apego inseguro se manifiestan en momentos de estrés, como cuando hay conflictos, durante las transiciones importantes y los momentos decisivos en una relación, cuando algo externo a la relación genera estrés para uno o ambos miembros de la pareja, o en otros momentos difíciles. Los estilos de apego a menudo determinan cómo las personas utilizan la relación con respecto a ese factor estresante. Si tienden hacia la ansiedad en el apego, es posible que busquen mucho apoyo y validación de su pareja. Si tienden hacia la evitación en el apego, puede que prefieran mantener la calma hasta que pase la tormenta. Si son seguros, tal vez hagan un esfuerzo para asegurarse de que ambos salgan juntos del escenario estresante más unidos y seguros.

En su mayoría, las personas no pueden evitar el tipo de reacción de apego que les resulta natural. Pero, si permitimos que nuestros patrones de apego inseguro se desarrollen sin control, es posible que nos preguntemos por qué siguen repitiéndose una y otra vez los mismos problemas en las relaciones. Con el tiempo, quizás deseemos prestar atención consciente y hacer un esfuerzo para aprender acerca de nuestros propios patrones y los patrones de nuestra pareja.

Lo que aprenderás en este capítulo

En este capítulo recibirás información sobre señales reveladoras de las seis principales interacciones de estilos de apego: ansioso-ansioso, evitativo-evitativo, ansioso-evitativo, seguro-ansioso, seguro-evitativo y seguro-seguro. Esta información te ayudará a ser más consciente sobre cómo se manifiesta tu estilo de apego en las relaciones y aprenderás a identificar los puntos fuertes y débiles específicos que son comunes a todas las interacciones. A través de descripciones y ejemplos de parejas con cada combinación de estilos de apego, verás cómo todas ellas pueden dar lugar a una relación segura, así como ejemplos de obstáculos que pueden hacer que la combinación sea menos segura.

Esta sección también incluye ejercicios para ti y tu pareja diseñados para desarrollar conexiones seguras a través de juegos y rituales que fomentan la cercanía. Aunque cada combinación de estilos de apego tendrá un ejercicio recomendado que aborda algunos de los obstáculos y las fortalezas específicos de la interacción entre los estilos, los ejercicios no se limitan solo a las relaciones románticas. Con el fin de encontrar un compañero con quien realizar el ejercicio, simplemente compártelo con una persona cercana a ti, explícale por qué te gustaría intentarlo con ella y pregúntale si le gustaría hacer el ejercicio contigo.

Mis juegos favoritos

Sería bueno que abordes este capítulo con una mentalidad abierta y lúdica. ¿Recuerdas la emoción y la imaginación cuando jugabas de niño? Tu cerebro estaba en su mejor momento para aprender y resolver pequeños rompecabezas junto con otros niños que estaban haciendo lo mismo. El juego es beneficioso para los adultos también, ya que mejora nuestra capacidad para conectar, pensar, ser creativos y experimentar emociones positivas.

Para refrescar tu memoria sobre cómo era jugar, enumera entre tres y cinco de tus juegos favoritos que recuerdes haber jugado, ya sea de niño o de adulto:

_____

_____

_____

_____

_____

A medida que avances en este capítulo, trata de mantener la misma actitud lúdica que sentías cuando jugabas a esos juegos.

Interacción ansioso-ansioso

Dos personas en el extremo ansioso del espectro probablemente sean parejas apasionadas en una relación, ambas preocupadas por ser abandonadas cuando las cosas se vuelven estresantes. Las combinaciones ansioso-ansioso suelen ser apasionadas, ya que existe una tendencia en estas personas a no guardarse casi nada; son abiertas y generosas, ocasionalmente en exceso.

El peor caso para estas parejas, y el conflicto que probablemente causará más angustia, es cuando ambos miembros se sienten abandonados por el otro. Los desencadenantes de este sentimiento de abandono variarán de una persona a otra pero, con parejas que tienen un apego ansioso, generalmente encuentra la manera de manifestarse de formas grandes o pequeñas. Este es el caso de Beth y Cece.

A Beth y Cece les faltan pocos años para cumplir cuarenta, y han sido mejores amigas durante más de una década. Ambas tienen un estilo de apego ansioso. Ambas son abogadas y disfrutan de un buen debate. A lo largo de los años, ha habido algunos incidentes menores en su amistad que han resaltado su inseguridad en el apego, como cuando Beth se sintió abandonada cuando Cece no la invitó a un festival de música o cuando Cece se sintió herida porque Beth no tuvo tiempo para darle consejos sobre un caso. Siempre han resuelto estos conflictos y se han sentido bien acerca de su amistad después de hacerlo.

La primera vez que la seguridad de su relación se puso a prueba fue cuando Cece se casó y tuvo un hijo. De repente, Cece podría tardar una semana en devolver la llamada de Beth, mientras que antes siempre la llamaba el mismo día. Debido a sus nuevas obligaciones familiares, Cece simplemente estaba menos disponible. Beth también se encontró sintiendo muchos celos de las nuevas amistades que Cece hacía con otras madres en su vecindario.

Aunque Cece estaba contenta de tener una familia, se sentía abrumada por las obligaciones y responsabilidades del matrimonio y la maternidad. Tenía envidia de la libertad de Beth y sentía la ausencia de su cercanía como un abandono. Quería que mostrara más interés por su familia y estaba resentida con ella por considerar que hacía un esfuerzo insuficiente por mantener su amistad.

Durante meses, se quejaron mutuamente de lo que percibían como desaires y ambas terminaron sintiéndose a la defensiva por ser «acusadas». Cece sentía que su amiga la culpaba por casarse y crear una familia. Beth estaba resentida porque Cece parecía pensar que era trabajo de Beth hacer un esfuerzo extra para mantener su amistad ahora que Cece tenía un hijo. Ambas se sentían abandonadas por la otra.

Sin embargo, al final se dieron cuenta de que tenían los mismos sentimientos: las dos se echaban de menos y no sabían cómo mantener la amistad dados los cambios en sus vidas. Una vez que dejaron de culparse mutuamente por las tensiones que estaban experimentando, vieron lo importante que era la amistad para ambas.

Enfadarse entre ellas solo era una manera equivocada de demostrarlo.

Las parejas y otros compañeros de relación con una dinámica ansioso-ansioso tienden a tener sesiones prolongadas de procesamiento llenas de acusaciones. Sus intenciones rara vez son maliciosas. Por el contrario, ambos desean arduamente encontrar soluciones satisfactorias y están dispuestos a trabajar duro para lograrlo. Pero incluso con todo este esfuerzo, la presencia de inseguridad y ansiedad crea pánico y puede anular las buenas intenciones. Sentirse crónicamente inseguro hace que sea demasiado fácil realizar interpretaciones basadas en el miedo del comportamiento de la persona amada, tal como lo hicieron Beth y Cece cuando se sintieron abandonadas. El resultado típico de estas relaciones es que las dos personas se encuentran repitiendo la misma pelea una y otra vez, a pesar de sus notables esfuerzos por salir de la rutina.

Si ambas pueden ser conscientes de que se está desencadenando esta sensibilidad, utilizar una comunicación sana y responder de manera comprensiva puede convertir una situación de pánico en una oportunidad para apreciar lo bien que se conocen mutuamente y cuánto valoran su conexión. Las personas con apego ansioso también tienen una comprensión visceral de lo doloroso que es sentirse abandonado, por lo que existe potencial para la empatía y la conexión profundas.

El juego del «no, no, sí»

Los límites saludables son un pilar de las relaciones seguras. Para tener límites saludables, es necesario aprender cómo es y cómo se siente el *sí*, y cómo es y cómo se siente el *no*, tanto en tu caso como en el de tu pareja. Para las personas ansiosas, decir que no puede ser difícil o aterrador. En este juego, prestarás atención a ti mismo y a tu pareja mientras cada uno se turna para decir que no al otro durante varias rondas antes de sentirse cómodos diciendo que sí.

Para la persona que está haciendo la solicitud y escuchando el *no* repetidamente, también es una oportunidad para efectuar solicitudes basadas en la colaboración, utilizando el ciclo de retroalimentación para perfeccionar el enfoque y para seguir probando tácticas nuevas y diferentes. Este es un excelente juego para mejorar tus habilidades de comunicación no verbal y utilizar de manera más efectiva el lenguaje corporal, el tono de voz, la entonación y el contacto visual. ¡Y recuerda mantener una actitud lúdica!

1. Sentaos de forma cómoda uno frente al otro a una distancia bastante cercana como para poder tener contacto visual y leer las expresiones del otro fácilmente. Decidid quién será la persona A y quién será la persona B.

2. Persona A: tu tarea es hacer una solicitud repitiendo «por favor» de diferentes maneras hasta que la persona

B diga que sí. No puedes usar ninguna otra palabra, pero puedes decirlo con diferentes emociones, actitudes y tonos. También puedes usar el lenguaje corporal y el contacto visual para comunicar diferentes enfoques. Si es útil, puedes pensar en una solicitud específica para lo que representa el «por favor», pero no lo compartas con tu pareja. Sigue intentando diferentes enfoques hasta que tu pareja diga que sí.

3. Persona B: tu tarea es decir que no al primer intento y seguir diciendo que no hasta que sientas un cambio genuino hacia el *sí*. Si te resulta útil, puedes pensar que te está pidiendo algo concreto, pero no lo compartas con tu pareja.

Preguntas para el debate:

- ¿Cómo te sentiste al decir que no?
- ¿Cuándo fue más fácil decir que no?
- ¿Qué sentiste en el cuerpo cuando notaste un cambio hacia el *sí?*
- ¿Qué viste en la otra persona que te hizo querer decir que sí?
- Si no dijiste que sí en alguna de las rondas, ¿qué podría haber hecho la otra persona para ayudarte a llegar a un *sí* genuino?

Notas:

Interacción evitativo-evitativo

Los primeros años de una combinación evitativo-evitativo suelen ser fáciles: «¿Conflicto? ¿Qué conflicto? Nos llevamos muy bien». Estas personas hacen un pacto tácito: «No crearé problemas si tú no lo haces».

Mucho antes de que llegara a la Casa Blanca, Donald Trump describió su enfoque hacia el matrimonio poco después de casarse con su tercera esposa, Melania: «Tenemos una relación natural [...] No quiero llegar a casa y tener que trabajar en una relación. Una relación en la que tienes que esforzarte no funciona». Melania se hizo eco de este enfoque. «Él trabaja todo el tiempo [...] No quiero cambiarlo; no quiero decirle: "Ven a casa y quédate conmigo". No quiero cambiarlo. Quiero darle espacio. Creo que eso es importante en la relación».

Sus descripciones del matrimonio reflejan las etapas iniciales de una relación evitativo-evitativo. En la etapa inicial, puede parecer que funciona muy bien, porque la pareja se mantiene alejada de cualquier cosa que pueda causar molestias. Disfrutan felizmente de los aspectos de la relación que son ideales y fáciles e ignoran el resto.

Con el tiempo, este modelo de relación puede desmoronarse cuando las necesidades y los deseos de una o ambas personas evolucionan y quieren algo de la relación que para la otra representa un desafío. Esta necesidad no satisfecha se vuelve insoportable cuando una de las dos rompe ese pacto tácito y comienza a quejarse. Cuando esto sucede, puede parecer más una dinámica ansioso-evitativo. Las quejas pueden ser indirectas al principio pero, si las cosas no mejoran, finalmente la frustración y la hostilidad aumentan hasta que queda claro que la relación tendrá problemas si no hacen algo diferente.

Zion y Venessa se casaron hace doce años. Se conocieron bailando una noche y se enamoraron de inmediato. Los amigos de Zion lo describen como una persona divertida y dinámica, mientras que los amigos de Venessa la definen como muy generosa, responsable y talentosa. Siempre se divierten juntos, excepto cuando tienen que hablar de algo serio o conflictivo. Entonces, los chistes desaparecen y su lenguaje corporal se vuelve rígido. Ambos son sensibles al malestar del otro y tratan de no «cargarlo» con problemas en la relación.

Tienen sus propias formas de evitar. Juntos, recurren al humor y las distracciones. Venessa viaja por trabajo y probablemente acepta más asignaciones de viaje de las que necesita. Zion niega sus propios sentimientos de frustración, dolor y enojo con la excusa de «cuidar a Venessa». Esto se volvió estresante para él y al final desarrolló problemas digestivos misteriosos. Después de que la relación continuara de esta manera durante varios años, ya no pudo contenerse. Comenzó a expresar su insatisfacción, lo que sorprendió a ambos. Venessa descubrió que cuando Zion expresaba su insatisfacción o enojo, desencadenaba su propio enojo acumulado por cosas que nunca se habían resuelto entre los dos. Los conflictos se intensificaban muy rápidamente.

Venessa y Zion llegaron a esta situación porque se habían vuelto expertos en evitar el camino del otro. Una vez que se abrió la caja de Pandora, nunca más se pudo cerrar. Para que ambos se sintieran bien nuevamente en la relación, tuvieron que desaprender la costumbre de evitar el conflicto y aprender las habilidades para lidiar con cada uno de los problemas acumulados. También tuvieron que enseñarse a sí mismos cómo abordar los problemas a medida que surgían para no terminar en el mismo lugar unos años después.

Finalmente, la pareja hizo progresos. Disfrutaron nuevamente de su relación después de un período en el que aprendieron a revisarse conscientemente el uno al otro, en lugar de mantener una paz superficial entre ellos. La evitación del conflicto no es armonía. Tuvieron que aprender a ser menos reacios al conflicto y a utilizar nuevas herramientas para gestionar sus diferencias de una manera que no les diese tanto miedo.

Las parejas evitativo-evitativo tienden a la inseguridad porque cuanto más se evita, más precaria se vuelve la verdadera seguridad en una relación. La estrategia de la evitación permite posponer el problema, pero al final alguien debe hacerse cargo de las necesidades y los deseos cambiantes o arriesgarse a perder la relación.

En etapas posteriores, las relaciones que siguen siendo evitativas son demasiado parecidas al equivalente emocional de caminar en un campo de minas, y se requiere tanto tiempo y esfuerzo para evitarlas que el disfrute mutuo queda eclipsado.

Verificación de sentimientos

Las relaciones pueden caer en una rutina y las personas pueden alejarse cuando no hacen un esfuerzo consciente por ser reveladoras y abiertas acerca de las necesidades personales. Una forma sencilla de practicar el fortalecimiento de la relación es haciendo el esfuerzo de realizar una verificación regular utilizando *palabras de sentimientos* en lugar de hablar de cosas superficiales o simplemente decirse mutuamente que todo está bien. Identificar sentimientos más precisos puede parecer algo sin importancia, pero marca una gran diferencia en el fortalecimiento de la intimidad en las relaciones. Este ejercicio se puede hacer solo o con una pareja. Utiliza las palabras de sentimientos de esta tabla para llevar a cabo el ejercicio que sigue.

INVENTARIO DE SENTIMIENTOS

Alta activación negativa	Desconexión	Baja activación negativa
Abrumado	A la defensiva	Aburrido
Agotado	Cauteloso	Deprimido
Agresivo	Celoso	Desanimado
Alterado	Decepcionado	Desesperado
Amargado	Desconfiado	Desesperanzado
Ansioso	Distante	Desinteresado
Asustado	Distraído	Desmoralizado
Atemorizado	Frío	Escéptico
Aterrado	Humillado	Indeciso
Confundido	Indiferente	Infeliz
Enfurecido	Protector	Insensible
Impotente	Resentido	Insignificante
Indeciso	Retraído	Melancólico
Indignado		Sombrío
Irritado		Triste
Molesto		
Nervioso		
Preocupado		
Provocado		
Rabioso		

Baja activación positiva	Conexión	Alta activación positiva
Centrado	Aceptado	Alegre
Calmado	Agradecido	Animado
Cómodo	Amable	Apasionado
Complacido	Amoroso	Asombrado
Contento	Cariñoso	Creativo
En paz	Comprensivo	Emocionado
Relajado	Confiado	Empoderado
Satisfecho	Conmovido	Enérgico
Seguro	Curioso	Entusiasmado
Sereno	Empático	Esperanzado
Tranquilo	Juguetón	Fascinado
	Respetado	Ilusionado
	Seguro	Orgulloso
	Valorado	Sorprendido

1. Comprométete con otra persona o contigo mismo a realizar una verificación diaria de tus sentimientos durante la próxima semana. Puede ser algo muy sencillo o más elaborado, con alguna explicación sobre por qué te sientes de esa manera. Intenta retarte a ser más descriptivo de lo que normalmente serías. Debes usar una palabra de sentimiento y no simplemente decir que te sientes bien o cualquier cosa general. Puedes utilizar el «Inventario de sentimientos» de la página 180 para ayudarte a identificar palabras de sentimiento específicas. Regístralas en el calendario de la siguiente página para hablar de ellas más tarde.

2. Acuerda cuándo y cómo os viene mejor esta verificación a ambos. Puede ser en persona, por teléfono o mediante mensajes de texto. Puede ser tan simple como decir: «Vamos a hacer una verificación. ¿Cómo te sientes hoy?». También, habla sobre si quieres que la otra persona responda con palabras de aliento, aprecio, nada en absoluto o algo más. Si estás realizando el ejercicio por tu cuenta, anota tus respuestas en un cuaderno.

3. Cuando termine la semana, haz una revisión con las preguntas de debate que siguen al «Inventario de sentimientos».

CALENDARIO DE VERIFICACIONES DE SENTIMIENTOS

Día	Mis sentimientos	Sentimientos de mi pareja
Lunes		
Martes		
Miércoles		
Jueves		
Viernes		
Sábado		
Domingo		

Preguntas para el debate:

- ¿Ha sido muy diferente esta experiencia en comparación con cómo compartes normalmente tus sentimientos con otras personas?
- ¿Qué aprendiste sobre ti mismo?
- ¿Qué aprendiste sobre la otra persona?

- ¿Qué probabilidades hay de que continúes haciendo verificaciones con palabras que describan tus sentimientos?

Notas:

_____

_____

_____

Interacción ansioso-evitativo

En la teoría del apego, este tipo de emparejamiento entre una persona ansiosa y otra evitativa a menudo se denomina dinámica de *distanciamiento-búsqueda*. Ambas tienen un sexto sentido para las amenazas, pero sus instintos las llevan en direcciones opuestas. En lugar de entender intuitivamente el comportamiento del otro, es más probable que ambas se sientan confundidas y heridas, lo que intensifica aún más sus inseguridades originales. La falta de comprensión puede volverse más extrema y ocasionar que una de las partes insista y la otra retroceda constantemente.

Abel y Xavier son profesores universitarios de cincuenta y pocos años que han colaborado profesionalmente durante más de una década en su investigación. Ambos están casados, pero incluso sus parejas reconocen que, en muchos aspectos, la investigación y la relación entre ellos tienen prioridad sobre sus matrimonios.

Abel tiene un estilo de apego más evitativo, mientras que el estilo de Xavier es más ansioso. Sus conflictos a veces van más allá de un simple debate intelectual vehemente. Dependen mutuamente en cuanto a la validación, la estimulación, la compañía y el respeto mutuo. Son cosas que ambos valoran mucho.

Se tienen mucho cariño, pero su relación tenía dificultades. Competían entre ellos académicamente, lo que a veces los enfrentaba. La personalidad más afable de Abel hacía que a menudo recibiera más atención pública por sus publicaciones conjuntas, lo que a veces provocaba que Xavier sintiera que se había aprovechado de él o incluso que lo rechazaba.

Debido al apego ansioso de Xavier, le aterrorizaba ser abandonado por Abel y perder la conexión que tanto valoraba. Interpretó la popularidad de Abel como búsqueda de atención y se sintió excluido. Sentirse menospreciado y excluido era algo que Xavier había sufrido cuando era más joven, por lo que era muy sensible a esa dinámica en su etapa adulta. Comenzó a quejarse de diversas maneras. Acusó a Abel de ser egoísta y amenazó con dejar de trabajar con él.

Abel no pretendía llamar la atención; simplemente era cortés y atendía a quienes le preguntaban sobre la investigación porque no le gustaba decir que no y quería fraguarse una reputación positiva. Al tener un estilo de apego evitativo inseguro, él también cometió algunos errores y malinterpretaciones predecibles sobre el estilo ansioso de Xavier y lo que realmente le afectaba. Cuando Xavier se enfrentaba a Abel por dejarlo aparentemente sin reconocimiento por sus contribuciones al trabajo conjunto, o cuando parecía generalmente melancólico, Abel lo interpretaba como una crítica a su carácter. Esto hizo que sintiera que no hacía nada bien, algo que a Abel le preocupaba. Las quejas de Xavier parecían ataques y hacían que Abel se sintiera acorralado. Intentaba suavizar las cosas una y otra vez, pero al final se cansaba y respondía a los ataques.

Las cosas no mejoraron para Xavier y Abel hasta que finalmente aprendieron a entender y tomar en serio sus propios sentimientos heridos y los del otro. Abel aprendió a escuchar y responder de manera más reflexiva a Xavier, y Xavier aprendió a expresar sus quejas de una forma que fuera menos amenazante para Abel. Trabajaron para asegurarse de que sus proyectos compartidos se mostraran como un esfuerzo conjunto y trataron de promocionar su trabajo juntos siempre que era posible. Inicialmente, eran reacios a cambiar sus costumbres pero, cuando llegó el momento, entendieron que valía la pena proteger su amistad, aunque significara arriesgarse al cambio.

Jugar como animales

Las parejas que se encuentran en una dinámica ansioso-evitativo suelen quedar atrapadas en sus patrones, ya que ambos se vuelven más rígidos en su respuesta particular al sentir estrés y amenaza de apego. Según el neurocientífico Stephen Porges, el juego es el antídoto para la amenaza. En relaciones donde ambas personas tienen una base sólida de inseguridad, es útil tener tantas herramientas como sea posible para fomentar la seguridad y el juego. Este juego es una de esas herramientas, y es probable que genere movimiento, risas y alegría.

1. Recordad las dos o tres peleas más recientes que hayáis tenido y llegad a un acuerdo sobre cuál recrearéis para este juego.
2. Cada uno elige un animal. Puede ser su animal favorito u otro. Usaréis la imaginación para imitar los movimientos y sonidos que hace.
3. Recread la pelea utilizando solo los movimientos y sonidos que hacen los animales elegidos. Podéis ladrar, maullar, rugir, reptar, saltar o corretear. ¡Nada de lenguaje humano!
4. Configurad un temporizador de diez minutos y parad cuando se acabe el tiempo o cuando haya una resolución para la pelea.
5. Cuando se acabe el tiempo, hablad sobre cómo os habéis sentido utilizando las siguientes preguntas orientativas.

Preguntas para el debate:

- ¿Cómo te sentiste de manera diferente al asumir la forma de un animal?
- ¿Cómo percibiste a tu pareja de manera diferente al asumir la forma de un animal?
- ¿Qué te ha sorprendido de este ejercicio?

Notas:

_____

_____

Interacción seguro-ansioso

Las relaciones que presentan interacciones seguro-ansioso pueden tender hacia cualquiera de las dos direcciones, dependiendo de cómo los participantes gestionen los conflictos y, a veces, también según quién sea la persona más dominante en la relación. El individuo más ansioso tiende a llamar la atención sobre sí mismo porque a menudo siente emociones con más urgencia y tiende a actuar y hablar de manera más impulsiva. Las interacciones funcionan mejor cuando la persona ansiosa aprende a calmarse y a ser más reflexiva, o cuando la persona más segura puede aprender a ayudar a su pareja ansiosa si es necesario. El siguiente es un ejemplo de una pareja con apego seguro-ansioso y cómo se meten en problemas y salen de ellos, como puede ocurrir en este tipo de relación.

Terrence tiene principalmente un estilo de apego seguro. Hace dos años, se casó con Bess, que tiene tendencias ansiosas pronunciadas. Recientemente, se produjo un conflicto serio entre Bess y la hermana de Terrence, lo que resultó en que Bess fuera excluida de la fiesta de bienvenida de su futuro bebé. Esto causó tensión en la familia de Terrence, y Bess ha estado angustiada desde entonces. Bess era intimidada de niña por sus hermanas, lo que reforzó su miedo al rechazo en relaciones cercanas, así como su respuesta ansiosa a estos temores a medida que se manifestaban en sus relaciones adultas. Ahora, de forma real o imaginaria, este conflicto implica a su clan familiar y ha sido devastador.

Terrence había intentado lidiar con esta difícil situación como siempre lo hacía con Bess cada vez que se sentía ansiosa. Típico de un tipo seguro, no tardaba mucho en desarmarla usando bromas, risas y un apoyo muy cálido y sincero que en el pasado siempre había resultado efectivo para tranquilizarla. Sin embargo, con esta situación no estaba funcionando. Aunque Terrence no se posicionaba en ningún lado del conflicto y no tenía una relación especialmente cercana con su hermana, Bess solo podía ver su propio dolor amplificado, y le resultaba difícil disociar a Terrence o a sus padres de las acciones de su hermana. Esto es algo típico de las personas inseguras y ansiosas; cuando están en un patrón reactivo, proyectan su ansiedad y su angustia en todo lo que ven.

Bess recurrió a Terrence, esperando que de alguna manera pudiera compensar el rechazo de su hermana afirmándole su lealtad. Pero Terrence se sintió dividido entre su esposa y su familia, y no pudo darle a Bess lo que necesitaba. Llegaron a un callejón sin salida cuando Bess le pidió a Terrence que cortara los lazos con su hermana, algo que él se negó a hacer. Como es característico en el apego seguro, simplemente le dijo que no lo haría en lugar de iniciar una pelea al respecto (una respuesta ansiosa) o eludir la solicitud (una respuesta evitativa).

A través de la terapia, aprendieron a construir un marco para proteger su vínculo que también les permitía respetar las relaciones familiares individuales. Terrence aprendió a validar los sentimientos de Bess y a abordar sus miedos de manera más específica. A medida que Bess trabajaba para resolver su trauma personal de haber sido acosada, pudo mantener mejor el límite de sus emociones y se sintió menos amenazada y más segura en su vínculo con Terrence.

La relación ya se había beneficiado de la sensibilidad de apego seguro de Terrence, ya que su comportamiento tranquilo y atento previamente había ayudado a Bess a sentirse segura a pesar de sus tendencias ansiosas. Cuando necesitaban ayuda era en los casos en que las relaciones familiares complicaban la efectividad de Terrence a la hora de ayudar a Bess a sentirse priorizada y protegida. Terrence no tendría la conciencia tranquila si hacía lo que Bess quería, ya que cortar relaciones con su hermana era un precio demasiado alto. Al final, pudieron resolver el problema satisfactoriamente al estar abiertos a la ayuda externa y a la facilitación.

Creación de un ritual

Los rituales son acciones y prácticas que simbolizan algo importante. Tener rituales en las relaciones es una excelente manera de participar regularmente en recordatorios de los valores compartidos. Este ejercicio te ayudará a crear un ritual muy especial para ti y tu ser querido que os ayudará a ambos a sentiros seguros y protegidos.

1. Seleccionad uno de los siguientes valores de relación que ambos penséis que es importante para vuestra visión de la relación o elegid uno cada uno:

☐ Amabilidad.

☐ Dar y recibir.

☐ Apreciación y gratitud.

☐ Afecto.

☐ Apertura.

☐ Juego.

☐ Compromiso.

☐ Alegría.

2. Pensad en una actividad o acción simple que podáis hacer juntos y que simbolice este valor de alguna manera fácil. Puede ser un acto muy sencillo pero, al otorgarle un significado compartido, se convierte en un ritual especial. Aquí hay un ejemplo de un ritual

centrado en el té para cada uno de los valores mencionados anteriormente:

Amabilidad: *turnarse cada noche para hacer té el uno para el otro.*

Dar y recibir: *prepararse té mutuamente por la mañana.*

Apreciación y gratitud: *brindar el uno por el otro antes de tomar el té.*

Afecto: *acurrucarse en el sofá juntos mientras tomáis té.*

Apertura: *hablar sobre vuestro día juntos mientras tomáis té.*

Juego: *turnarse para sorprenderos mutuamente con un nuevo sabor de té.*

Compromiso: *compartir el mismo tipo de té todas las noches.*

Alegría: *tener una fiesta del té una vez a la semana con baile y música.*

3. Acordad con qué frecuencia haréis el ritual juntos y un momento para comenzar. Si tiene sentido, acordad hacer algo cada día que os veáis.

Escribe aquí vuestro ritual único y lo que significa:

_____

_____

_____

Interacción seguro-evitativo

La relación seguro-evitativo puede inclinarse igual de fácilmente hacia la evitación o hacia rasgos más seguros. Si la persona segura no toma la iniciativa de comprender realmente el patrón de la persona evitativa, podrían aparecer sorpresas más adelante.

Joyce y Julio son una pareja casada de treinta y tantos años. Después de ocho años juntos, Joyce descubrió que Julio tenía una relación con otra mujer, con la que intercambiaba mensajes emocionalmente intensos y explícitamente sexuales. Julio puso fin a esa relación cuando Joyce se enteró, y acudieron a terapia para ver si podían sanar y restaurar su confianza. Este es un caso de infidelidad en el que los estilos de apego de ambos tenían mucho que ver en el motivo de la aventura. El estilo de apego de Joyce era principalmente seguro, mientras que el de Julio era principalmente evitativo. Julio idealizaba a Joyce y constantemente se preocupaba de no ser lo suficientemente bueno para ella. Por miedo a perderla, le costaba abordar temas tales como las finanzas o cualquier cosa que pudiera molestarla. Encubría o evitaba fuentes potenciales de conflicto porque temía que ella lo abandonara. Sin la libertad de expresar su opinión, se sentía limitado por el matrimonio. La otra relación lo ayudaba a sentir que tenía un seguro en caso de que Joyce terminara dejándolo, ya que una parte de él siempre sospechaba que al final lo haría.

Joyce reconoció que se había relajado en el cuidado de su matrimonio. Dado que Julio estaba más que dispuesto a decir que todo estaba bien, le resultaba fácil creerlo. En un momento dado, cuando tuvo sospechas sobre su infidelidad y se lo preguntó, él lo negó. Después de eso, lo dejó estar, a pesar de que su instinto le decía lo contrario. Parte de ella también quería creer que no había nada más que saber.

El estilo de apego seguro de Joyce se manifestó en su reacción equilibrada ante la infidelidad de Julio. Se sintió traicionada y sorprendida, y lo demostró, pero fue comedida en su respuesta y constantemente dio muestras de su intención de recabar más información, buscar ayuda y no sacar conclusiones apresuradas sobre lo que había sucedido o lo que significaba para su relación.

El matrimonio se fortaleció cuando Joyce comenzó a realizar más preguntas acerca de lo que Julio hacía en cuanto a sus finanzas, otras relaciones y sus verdaderos sentimientos sobre su vida juntos. Como Joyce tendía a ser comedida y apacible, esto ayudó a Julio a salir de su caparazón y asumir riesgos para tener una relación más abierta y honesta. Con el tiempo, Julio ganó más confianza en que Joyce lo aceptaba a pesar de sus defectos.

Conversaciones íntimas

Las relaciones significativas se construyen sobre la base del conocimiento de otra persona que otros no tienen o no se han tomado el tiempo de adquirir. Llegar a conocer a alguien es un proceso basado en la curiosidad, la interacción y las conversaciones. Este proceso requiere tener el valor para compartir y la disposición para comprender y ver a la otra persona. Este ejercicio os dará a ambos la oportunidad de practicar conversaciones que inviten a una mayor intimidad.

1. Busca un lugar cómodo para sentarte frente a tu pareja y decidid quién empezará.
2. Durante su «turno», cada persona leerá la pregunta proporcionada y luego intentará adivinar cómo respondería su pareja a esa pregunta. Los «inicios de respuesta» siguientes pueden ayudaros a responder.
3. Después de cada intento de adivinar la respuesta del otro, pregúntale: «¿estoy cerca?» y deja que te corrija o que te lo confirme, según corresponda. Durante este tiempo, escucharéis a la otra persona sin interrumpir. Cuando termine, da las gracias a tu pareja por aclarar las cosas y luego pasad a la siguiente pregunta.
4. Después de responder a las cuatro preguntas, invertid los papeles.

Preguntas e inicios de respuesta:

- ¿Qué es lo más importante para ti? Creo que lo más importante para ti es...
- ¿Qué no quieres que sepa de ti? Creo que no quieres que sepa...
- ¿Pondrías tu vida en mis manos? Creo que pondrías/no pondrías tu vida en mis manos porque...
- ¿Qué es lo que menos te gusta de ti? Creo que lo que menos te gusta de ti...

Anota cualquier cosa que hayas observado durante el ejercicio o que te haya sorprendido:

_____

_____

_____

_____

_____

Interacción seguro-seguro

Como no es de extrañar, resulta agradable estar en una relación donde las dos personas son seguras, igual que estar cerca de una pareja de este tipo. Parecen ser razonables entre sí y nunca sacrifican a la otra persona para protegerse a sí mismas. Fluyen fácilmente entre sus intereses individuales y los objetivos comunes que comparten. Estas parejas también son muy buenas detectando malentendidos cuando se comunican y aclarando las cosas rápidamente en lugar de dejar que los malos sentimientos persistan.

Es natural dar por hecho que estas parejas lo tienen fácil y que sus relaciones son muy sólidas. Pero también hay momentos en que estas relaciones se ponen a prueba, al igual que cualquier otra. Vamos a estudiar a una pareja que encarna esta combinación para ver ejemplos de puntos fuertes y débiles habituales.

Holly y Leroy provienen ambos de un entorno con apego seguro. Llevan juntos más de doce años; se conocieron en la escuela secundaria y comenzaron a salir en la universidad. Están en su mejor momento y disfrutan de una relación que parece (y es) completamente sólida. Por supuesto, tienen pequeñas desavenencias cotidianas, pero no dudan en tomarse el tiempo de escucharse mutuamente y se mantienen abiertos a cambiar sus puntos de vista. Intentan darle a la otra persona el beneficio de la duda y, por lo general, evitan guardar rencor. Dado que ambos tienen un estilo de relación relativamente seguro, esto siempre ha sido algo natural para ellos.

Como se conocieron siendo muy jóvenes, han tenido una larga historia de apoyo mutuo, especialmente en sus carreras. Holly es asesora administrativa y Leroy hace poco decidió realizar un cambio en su carrera del *marketing* a la educación, algo que reconoció como una pasión recientemente. Leroy ha comenzado un máster en educación y, por primera vez en su vida, siente que tiene un propósito claro y está rodeado de conversaciones intelectualmente estimulantes.

Al pasar más tiempo con sus compañeros de clase, estudiando, trabajando y observando en las aulas, Leroy ha descubierto que tiene mucho en común con ellos. Ha desarrollado amistades profundas con sus compañeros de clase basadas en la curiosidad intelectual, el amor por los eventos culturales y los valores compartidos. Se ha dado cuenta de que, aunque él y Holly se aman, ella simplemente no comparte muchos de estos intereses con él. Al principio, intentó involucrarla en sus nuevas pasiones, pero realmente no le interesaron. Esto no suponía un problema, pero creó una brecha cada vez mayor entre ellos dos. Holly se dio cuenta de lo que estaba sucediendo, pero no sabía qué hacer al respecto. También se había relajado bastante en la comodidad de su dinámica y no esperaba que Leroy pudiera o quisiera hacer algo que amenazara activamente la relación.

Como puedes ver, las transiciones en la vida pueden llevar a desafíos bastante importantes para la seguridad en una relación. Las personas cambian, y si no se presta suficiente atención para encontrar formas de priorizar la relación y guiarla a través de los cambios, las transiciones pueden representar una amenaza o una perturbación.

Leroy y Holly ya tienen bastante práctica con algunas de las herramientas necesarias para superar esta perturbación en la seguridad de su relación. Debido a que ambos tienen apego seguro, pueden turnarse para escucharse mutuamente y considerar de verdad la perspectiva del otro.

Sin embargo, tendrán que decidir si tiene sentido seguir priorizando su relación, dadas las transformaciones importantes y el crecimiento que está experimentando Leroy. Si ambos concluyen que la relación es lo suficientemente valiosa como para continuar, tendrán que dejar atrás la relajación y la comodidad que han desarrollado juntos para prestar atención a sus necesidades crecientes y cambiantes, y responder con grandes esfuerzos colaborativos y creativos.

Si deciden seguir caminos separados, su ruptura probablemente estará influenciada por su forma segura de apego. Será un paso bien meditado y de mutuo acuerdo, y tendrán un cierre adecuado para seguir adelante de manera sana.

Los compañeros con apego seguro, ya sea en el compromiso o al separarse, tienen en cuenta las necesidades del otro e intentan ser justos. A pesar de su apego seguro, a veces estas personas terminan sus relaciones o hacen cambios importantes en ellas por las mismas razones que en todas las relaciones, cuando se distancian o se encuentran en la intersección de transiciones significativas en la vida.

Amor tranquilo

El contacto visual prolongado es una forma muy efectiva de llevar a dos personas hacia una intimidad cercana y fomentar sentimientos de calidez y seguridad. Cuando dos personas tienen contacto visual por primera vez, sin importar cuánto se conozcan, puede haber una sensación de alerta, incluso de falta de familiaridad. Pero cuando ambas continúan con respiraciones largas y relajadas, adentrándose en la mirada, entran en un estado de «amor tranquilo» asociado con la activación de la oxitocina y otras hormonas de vinculación.

1. Sentaos cómodamente uno frente al otro. Poned un temporizador para un mínimo de cinco minutos y un máximo de treinta.
2. Mira a tu pareja a los ojos. Podéis parpadear normalmente, pero intentad no apartar la mirada. Si notas que tu mirada se desvía, simplemente vuelve a mirarla a los ojos.
3. Comparte con tu pareja lo que has experimentado. Considera las siguientes preguntas:

- ¿Algo te ha sorprendido?
- ¿Qué te ha resultado difícil en el ejercicio?
- ¿Qué te ha resultado fácil en el ejercicio?

- ¿Hasta qué punto os sentíais conectados antes del ejercicio? ¿Cómo os habéis sentido durante y después?

Notas:

_____

_____

_____

_____

_____

Resumen del capítulo

- Hay seis interacciones principales de estilos de apego: ansioso-ansioso, evitativo-evitativo, ansioso-evitativo, seguro-ansioso, seguro-evitativo y seguro-seguro.

- Cada interacción tiene ciertas características predecibles, así como puntos fuertes y débiles en la relación.

- Independientemente de los estilos de apego, la seguridad en la relación se basa en la atención constante al otro, en el esfuerzo por entenderse mutuamente y en tener una visión compartida a la que se pueda regresar una y otra vez.

Las habilidades que puedes aprender al trabajar en este capítulo incluyen:

- Cómo utilizar rituales, juegos, conversaciones y comunicación no verbal para fortalecer tu relación y lograr una mayor cercanía.

CAPÍTULO SEIS

Creación de un futuro seguro

La larga travesía

Construir relaciones sanas es un proceso continuo que nunca termina. Incluso las personas que tienden hacia el estilo de apego seguro tendrán altibajos y se enfrentarán a nuevas dinámicas de relación que pondrán a prueba sus fortalezas. Lo mejor que cualquiera de nosotros podemos hacer es mantenernos en contacto con esas partes de nosotros mismos que todavía luchan con el apego ansioso o evitativo, y seguir utilizando los recursos que necesitamos para sanar. Comprender y sanar tu inseguridad en el apego tiene el potencial de afectar positivamente a todas tus relaciones.

La ciencia moderna aún no lo sabe todo sobre el cerebro, pero hay un amplio acuerdo en que este órgano complejo evolucionó en gran parte para permitirnos tener relaciones y comunicarnos con los demás. Es natural que busquemos el apoyo de otros desde el nacimiento y a lo largo de toda la vida. Es para lo que se crearon nuestros cerebros. Pero la inseguridad en el apego y los patrones de comportamiento aprendidos de ansiedad y evitación obstaculizan la seguridad y la confianza en estas relaciones.

El viaje hacia la sanación de la inseguridad en el apego es complejo y evoluciona con el tiempo. Las relaciones románticas pueden poner de manifiesto muchas de estas cuestiones, las cuales pueden complicarse especialmente debido al apego inseguro y el grado de dependencia emocional que a menudo las caracteriza.

Las relaciones han evolucionado hasta llegar a ser extremadamente complejas y ofrecen una amplia gama de opciones en cuanto a cómo interactuar con aquellos en quienes confiamos, a quienes dedicamos tiempo y con quienes cultivamos la seguridad y la protección emocional. Dentro de este amplio abanico de elecciones, te invito a recordar tus valores básicos en relaciones de cualquier tipo, así como a recurrir a tus habilidades y herramientas para poner en práctica estos valores.

Sanación de la persona ansiosa

Si has reconocido aspectos de ti mismo en las descripciones del apego ansioso de este libro, entonces sabes que lo que tu cerebro y tu sistema nervioso hacen bajo ciertos tipos de estrés en las relaciones no se corresponde con quién eres en una relación. Si no te funcionan las formas en que tu cerebro y el resto de tu cuerpo responden, tienes el poder de hacer cambios para estar más acorde con tus valores en las relaciones.

Uno de los primeros pasos es encontrar cierta aceptación con respecto a los pensamientos, los sentimientos y las sensaciones corporales que conforman tu experiencia. Perdónate las cosas que has hecho en el pasado que no han funcionado o que incluso han causado dolor. Ten compasión hacia ti mismo en cuanto a dónde te encuentras en tu desarrollo.

Estos son algunos pasos relevantes hacia relaciones más seguras:

- Ten paciencia con los demás, al tiempo que permaneces conectado con tus necesidades y deseos.
- Comprende que cuando los demás no pueden satisfacer tus necesidades, no es algo personal.
- Identifica cómo es la reparación del apego para ti y para otras personas.

Desiree fue una clienta que mostró un tremendo avance desde la ansiedad hacia la seguridad en el apego. Al echar la vista atrás, se dio cuenta de que el apego ansioso había estado presente en todas sus relaciones románticas. Por lo general, se ponía bastante seria con la esperanza de que fueran «la definitiva». Pero cuando sus parejas la decepcionaban, su comportamiento se volvía más caótico y culpaba a la otra persona, lo que finalmente hacía que se alejaran.

Estaba cansada de este ciclo y quería aprender a identificar lo que funcionaba para ella en las relaciones. Comenzó a acudir a terapia, leyó tanto como pudo sobre estos temas y habló con personas respetadas en su comunidad. Poco a poco, pudo aplicar las ideas a su propia vida. Decidió que no iniciaría una relación romántica seria hasta que se sintiera más segura con respecto a sus habilidades relacionales.

Esto permitió a Desiree centrarse más en la comunidad y sus amistades, y comenzó a sentir que era posible tener una vida plena al margen de la pareja romántica. Trabajó en compartir sus necesidades y deseos con otras personas sin sentirse demasiado mal si alguien no podía satisfacerlos. Tu camino de sanación puede o no parecerse al de Desiree pero, de cualquier manera y con quien sea que realices el proceso, es posible que encuentres temas similares.

Sanación de la persona evitativa

Si reconoces el apego evitativo en ti y ha tenido un efecto negativo en tus relaciones, lo primero que debes recordar es que no se te puede culpar. Estos patrones se establecieron mucho antes de que fueras capaz de tomar decisiones y, sin experiencias formativas de envergadura para corregir heridas tempranas, continuaste enganchado a tu patrón familiar.

Estos son algunos pasos que puedes dar para construir relaciones más seguras:

- Acostúmbrate a sentirte cómodo con tus necesidades y deseos.
- Intenta abrirte más a las personas que te importan.
- Aprende formas de resolver las diferencias con los demás.
- Aprende a reparar la relación con otra persona cuando se sienta herida.

Ali fue un cliente que consiguió gestionar su estilo de apego evitativo. Era soldador en una fábrica de acero, un entorno físicamente exigente donde las lesiones y los accidentes eran comunes. Mientras manejaba un equipo muy delicado, olvidó un paso importante y sufrió una grave lesión que requirió su traslado inmediato a urgencias. Después de veintiocho puntos y algo de reflexión, Ali se dio cuenta de que se sentía herido porque ninguno de sus compañeros de trabajo le preguntó cómo estaba.

Los compañeros de trabajo de Ali no eran insensibles. De hecho, era un entorno laboral muy solidario y orientado al trabajo en equipo. La razón principal por la que Ali no recibió mucha atención fue porque él inconscientemente los había entrenado para esperar evasión si expresaban interés por él. A esas alturas, habían aprendido que no tenía sentido. Cuando sufría cualquier lesión en el taller, grande o pequeña, le quitaba importancia diciendo «no es para tanto».

Después de un tiempo en terapia, Ali aprendió a reconocer sus necesidades, deseos y límites específicos en las relaciones. Descubrió que cuando se relajaba y compartía más de sí mismo con otras personas, ellas también se abrían a él. Incluso se sintió cómodo pidiendo cosas en ocasiones.

Puede que no te resulte fácil compartir tus necesidades, vulnerabilidades y deseos. Probablemente te costará expresarte o te sentirás avergonzado. Esto es normal con *cualquier cosa* desconocida. Puedes estar bastante seguro de que si te comprometes contigo mismo y con tus valores relacionales, crearás cambios que serán bien recibidos.

Seguridad duradera

La seguridad duradera en las relaciones proviene del trabajo regular dedicado a conocerte a ti mismo y a las personas que te importan. Se trata de un trabajo que, para muchos, tiene grandes recompensas, ya que te permite disfrutar de las conexiones con los demás y apoyarte en ellos cuando sufres o te sientes solo.

A medida que descubras y aceptes los sentimientos y pensamientos que dan forma a tus respuestas, también te sentirás más cómodo a la hora de lidiar con ellos y podrás tomar decisiones meditadas basadas en tu visión sobre las relaciones. Solo hace falta un poco de práctica. Si le pones empeño, espero y confío en que comprobarás que puedes tener nuevas y esperanzadoras experiencias.

La seguridad emocional y el apoyo producen seguridad duradera, y ahora nadie sabe mejor que tú lo que necesitas para lograrlo. Recuerda que hacer las cosas bien en las relaciones implica experiencia y experimentación.

Puede que descubras que valoras una conexión profunda e íntima con una persona, o bien que tres verdaderos amigos satisfacen tu visión de la seguridad duradera. Nuestros cerebros están diseñados para la conexión, pero no existe una fórmula rígida sobre cómo tiene que establecerse. Te animo a averiguar lo que funciona en tu caso particular.

Imagina tu futuro

Tómate un momento para imaginar una versión positiva y conectada de tu futuro. Esta visión será más nítida a medida que perfecciones tus habilidades en las relaciones. Imagina lo que realmente quieres ver dentro de un año a partir de hoy y hazte las siguientes preguntas:

Dentro de un año a partir de hoy, ¿cuáles son las relaciones que más te importan y en las que estás más involucrado?

_____

_____

_____

_____

_____

_____

A medida que ganas confianza en tu capacidad para sentirte más seguro, hábil y colaborativo en las relaciones, ¿qué haces de manera diferente?

_____

_____

_____

_____

_____

_____

¿Cómo responden las personas que amas a tu nuevo comportamiento?

_____

_____

_____

_____

_____

El camino ante ti

¡Felicidades por el trabajo que has realizado para mejorar tus relaciones! Se requiere valentía para examinar tus propios comportamientos y actitudes con la intención de evolucionar. A medida que avances en tus relaciones, recuerda que siempre hay espacio para errores y contratiempos; esto simplemente hace que la experiencia de crecimiento sea más enriquecedora. Los recursos, los registros y los ejercicios basados en valores de este libro pueden ser herramientas a las que recurrir cuando lo necesites.

He visto a muchos dar grandes pasos hacia la seguridad en sus relaciones. Siempre que tengo la oportunidad de presenciar tales esfuerzos resulta aleccionador. Gracias por tu trabajo en este empeño, y no olvides que no eres el único que lo intenta. Si cada vez hay más personas que se comprometen a mejorar sus relaciones, por ellas mismas y por aquellos a quienes aman, podemos contribuir a crear un movimiento que cambie la sociedad y la forma en que nos entendemos y tratamos mutuamente.

Apéndice:
Hojas de trabajo en blanco

Puedes descargar más hojas de trabajo desde CallistoMediaBooks.com/AttachmentTheory.

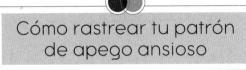

Cómo rastrear tu patrón de apego ansioso

Pasemos ahora a un ejercicio que te ayudará a entender qué se esconde realmente detrás de tu comportamiento de apego ansioso. Profundizarás en una experiencia incómoda, pero el objetivo es ayudarte a comprender cómo funciona este estilo de apego en tus relaciones.

1. Piensa en algo que sucediera en una relación que te hizo sentir mal o incómodo. ¿Qué ocurrió para desencadenar este sentimiento?

   Ejemplos:

   Mi jefe se enfadó cuando llegué tarde a una reunión porque estaba enfermo con una intoxicación alimentaria.

   Mi pareja se burló de mí delante de un amigo.

   El incidente que desencadenó mi sensación de malestar o incomodidad:

   _____

   _____

   _____

   _____

2. Los incidentes afectan a cada cual por razones personales y únicas en cada individuo. Si nos centramos en tu experiencia del evento que acabas de mencionar, ¿cuál fue la peor parte *para ti?*

_____

_____

_____

Ejemplos:

Alguien a quien admiro pensó que había hecho algo mal.

Alguien se enojó conmigo antes de que pudiera explicarme.

Me dio vergüenza algo que no podía controlar ni cambiar.

Sentí que no hacía nada bien.

Lo peor de la situación para mí:

_____

_____

Te felicito por permitirte ser curioso acerca de tus propios sentimientos y experiencias, y por comprender por qué te afectan de manera única. Esta comprensión es una parte importante para poder gestionar tus emociones.

Aquí tienes un ejercicio adicional; aunque es opcional, puede ser extremadamente útil para comprender el patrón de este sentimiento a lo largo de tu vida. A continuación, hay una línea de tiempo desde el nacimiento hasta los veinte años de edad. Las primeras décadas de nuestras experiencias pueden ser muy formativas. Si no recibimos ayuda para gestionar lo que pensamos y sentimos durante este tiempo, pueden afectar a nuestra forma de ver a los demás y a nosotros mismos más adelante en la vida.

Piensa en tus dos primeras décadas de vida. ¿Cuándo fue la primera vez que recuerdas haber tenido ese sentimiento o experiencia, o uno similar? Coloca una X en esa parte de la línea de tiempo.

1	2	3	4	5	6	7	8	9	10	11	12	13	14	15	16	17	18	19	20

Edad

La mayoría de los incidentes que evocan sentimientos intensos lo hacen porque esos sentimientos tienen su origen en la primera etapa de la vida. ¿Colocaste una X en algún lugar de esta línea de tiempo? Si es así, es algo muy normal. Ahora, avanza en la línea de tiempo y coloca una X en las diferentes edades en las que recuerdes haber tenido el mismo sentimiento. Intenta poner al menos tres X en la línea de tiempo y tantas como desees. Piensa en experiencias que hayas tenido en casa, en la escuela, en el trabajo, en la iglesia, etc.

Suelta el bolígrafo o el lápiz y respira profundamente. Ahora estás observando el legado de este sentimiento o experiencia en tu vida. Echa un vistazo a la línea de tiempo y responde a las siguientes preguntas:

1. ¿Qué aspecto tiene en general? ¿Hay más X concentradas en un área o están dispersas?
2. ¿Hay algo que te sorprenda?
3. ¿Hay ciertos tipos de relaciones en las que tiendes a experimentar más este sentimiento?
4. ¿Alguien o algo te ha ayudado alguna vez a lidiar con este sentimiento con más facilidad?

Cómo calmar el apego ansioso

Siguiendo con el ejemplo de Tom y Sanjay, este ejercicio te ayudará a identificar tu propia forma de enfrentarte al conflicto con alguien de tu vida que tiene apego ansioso. Piensa en alguien que puede ser bastante mordaz y que expresa sus necesidades de manera crítica o pesimista.

¿Cuál es tu respuesta natural cuando se comporta de esa manera?

_____

_____

_____

¿Cómo suele responder esta persona a tu reacción?

_____

_____

_____

Con esa pauta identificada, piensa en qué comportamientos podrían ser más útiles para ti a la hora de responder al apego ansioso. Aquí tienes algunas sugerencias para ayudar a tu ser querido en un momento de pánico y ansiedad. Coloca una marca de verificación junto a las cosas que ya haces o has intentado.

☐ Consuelo. «Estoy aquí. No me iré a ninguna parte».

☐ Proximidad y contacto de forma apropiada según la relación. Si la persona es tu pareja, utiliza el contacto afectuoso y el abrazo. Si no lo es, acércate, establece un contacto visual amable y sonríe. Si no, toma su mano.

☐ Toma la iniciativa. Ayuda a gestionar su ansiedad con instrucciones claras y simples. A las personas en estado de pánico se les da mejor comprender frases cortas: «Espera», «Cálmate», «Dime algo agradable», «Dame un momento para pensar».

☐ Marca el ritmo para abordar sus expectativas y la anticipación: «Hablaremos de eso en unos minutos, cuando estemos calmados», «Hablaremos de eso cuando terminemos con esto».

☐ Pide comentarios específicos: «¿Qué te parece la forma en que hemos hablado esta vez?».

¿Cuál de estas opciones te gustaría intentar la próxima vez que te encuentres con un comportamiento ansioso? Escríbelas a continuación y adáptalas a tu relación con la persona ansiosa:

_____

_____

_____

El mapa de tus emociones

Las emociones tienen tanto un componente mental como un componente físico, y podemos sentir resistencia hacia uno o ambos. Dirigir nuestra atención hacia las experiencias corporales específicas que están conectadas a una emoción puede facilitar una mayor aceptación de esa emoción. Dado que la ira es una emoción tan poderosa, prueba el siguiente ejercicio para ver cómo funciona en tu caso.

Recuerda la última vez que te enfadaste con alguien cercano a ti. ¿Puedes sentir aunque sea un poco cómo fue? ¿Dónde lo sientes en el cuerpo?

_____

_____

_____

Imagina qué tamaño/forma/temperatura/color/calidad tiene la sensación.

_____

_____

_____

¿Cuándo apareció?

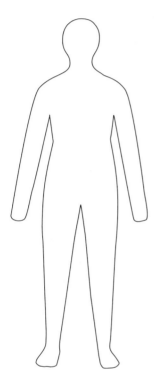

Con un bolígrafo o un lápiz, haz un dibujo de lo que experimentas en la parte del cuerpo donde lo sientes.

Ahora, respira profundamente. ¡Incluso imaginar la ira puede hacer que el sentimiento aparezca en tu cuerpo! Reconoce que a veces este sentimiento está en tu cuerpo y a veces no. Practica decirte a ti mismo que no hay necesidad de luchar contra eso. Cuando el sentimiento esté presente, trata de aceptar su presencia física y mantén una mente abierta e incluso curiosa sobre para qué está ahí. Aprender a gestionar las emociones fuertes de esta manera puede resultar útil cuando sientas que se activan.

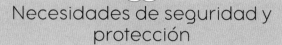

Necesidades de seguridad y protección

El consentimiento es solo el primer paso. En relación con el apego, tenemos dos necesidades: protección y seguridad. La protección consiste en encontrar alivio de una experiencia amenazante en el cuerpo. La seguridad tiene que ver con la tranquilidad de que la conexión y los recursos están y seguirán estando disponibles. Cuando te sientes seguro con alguien, percibes que esa persona está ahí y continuará estando ahí para ti, y que te ve de manera cálida y compasiva. Sentirse emocionalmente seguro y protegido con alguien es la base de la confianza en una relación.

Hasta que la seguridad y la protección estén adecuadamente presentes, la colaboración en una relación (como decisiones conjuntas o proyectos) no funcionará muy bien y la comunicación sana resultará difícil. Este ejercicio te ayudará a explorar e identificar lo que necesitas para sentirte seguro y protegido durante una interacción estresante. Puedes comenzar pensando en una interacción específica que hayas tenido con tu pareja en la que tus sentimientos ansiosos dificultaron o volvieron improductiva la comunicación.

¿Qué puedes hacer *tú* para calmar tus sentimientos de amenaza cuando la comunicación se vuelve difícil? (Piensa principalmente en cosas que ayuden a que tu *cuerpo* se calme cuando te encuentras en un estado de angustia).

1. _____

2. _____

3. _____

¿Qué cosas puede hacer *tu pareja* para ayudarte a calmar los sentimientos de amenaza? (Nuevamente, enfócate en el cuerpo).

1. _____

2. _____

3. _____

Debido a que la comunicación difícil puede activar sentimientos de inseguridad, ¿qué puedes hacer *tú* para calmar tus sentimientos de inseguridad y garantizar la conexión en la relación?

1. _____

2. _____

3. _____

¿Qué tipo de cosas puede hacer o decir *tu pareja* para ayudarte a sentirte seguro y reafirmar la conexión en la relación?

1. _____

2. _____

3. _____

Ahora, encuentra tiempo para sentarte con tu pareja o ser querido, comparte lo que has aprendido sobre seguridad y protección, y explora las listas que has confeccionado.

Las siguientes indicaciones pueden guiarte a través de una conversación útil:

- Conociéndome como me conoces, ¿crees que los elementos de las listas contribuirían a calmarme?
- ¿Añadirías algo a alguna de estas listas?
- ¿Estás dispuesto a ayudarme con alguna de estas cosas cuando veas que estoy reaccionando de manera ansiosa?

La comunicación efectiva y sana es posible para las personas con apego ansioso, y desarrollar estas habilidades puede ayudarte a crear confianza y seguridad en tus relaciones cercanas.

Diario de reconocimiento

El reconocimiento es una forma maravillosa de aumentar el capital de tu relación. Tú y tu pareja os sentiréis bien si dedicáis tiempo a reconocer las formas en que mejoráis vuestras vidas mutuamente.

Indica tres cosas que te gustan de tu pareja en la relación:

1. _____

2. _____

3. _____

Indica tres cosas que te gustan de ti:

1. _____

2. _____

3. _____

Tomarse el tiempo para reconocerse mutuamente de manera regular puede fomentar una relación de buena voluntad y ayudar a superar momentos difíciles. Si se enfocan en el reconocimiento, la comprensión y la aceptación, y aprenden a tener una comunicación sana, las personas con apego ansioso pueden construir relaciones sólidas y sanas en las que ambas partes se sientan seguras y protegidas.

Inventario de evitación

A continuación, se enumeran emociones y situaciones que surgen en las relaciones y que muchas personas han indicado que pueden resultar estresantes. Examina la lista e identifica cuáles te generan estrés. Rodea con un círculo todas las experiencias que te hacen alejarte, retirarte, distraerte, adormecerte y, en general, sentirte menos conectado con las personas que te rodean. Si se te ocurren otras que no están en la lista, escríbelas en los espacios en blanco.

Me estreso cuando me siento...

Agobiado	Denigrado	Inadecuado
Anhelante/ deseoso	Derrotado	Incómodo
	Descartado	Indefenso
Ansioso	Despreciativo	Indignado
Arrepentido	Devastado	Infravalorado
Avergonzado	Disgustado	Inseguro
Celoso	Envidioso	Intimidado
Confundido	Estresado	Intolerante
Criticado	Herido	Juzgado
Culpable	Humillado	Llevado
Culpado	Ignorado	al límite
Decepcionado		Molesto

Preocupado	Solo	_____
Rechazado	Subestimado	_____
Resentido	Triste	_____
Sentencioso	Traicionado ·	

Me estreso cuando quiero/necesito:

Apoyo	Afecto/cariño	Valoración
Seguridad	Estabilidad	Coherencia
Aceptación	Ser visto y escuchado	Equidad/ reciprocidad
Calma/armonía	Conexión	Que me tomen en serio
Estructura/ orden	Protección	Ayuda con mis obligaciones
_____	_____	_____

Me estreso cuando la relación requiere:

Que me sincere	Gestionar conflictos	Subsanar heridas
Que yo ofrezca apoyo emocional	Aclarar compromisos y acuerdos	Comprender a mi pareja

Toma de decisiones conjunta	Rituales y rutinas positivos	Gestionar otras relaciones
Rendir cuentas	Definición de límites de acuerdos	Ofrecer y/o recibir comentarios
_____	_____	_____

Me estreso cuando tengo miedo de:

Perder mi autonomía	No tener tiempo libre	Perder mi identidad
Ser reemplazado	Ser abandonado	Ser excluido
_____	_____	_____

¡Buen trabajo! Acabas de identificar las situaciones que activan tu apego evitativo. Ahora, revisa tus selecciones y enumera las tres principales cosas que te hacen retraerte. Trabajarás con estos tres *activadores* específicos en el próximo ejercicio.

1. _____

2. _____

3. _____

Evitación: ventajas y desventajas

Ahora, trabajarás con los tres principales *activadores* de retraimiento o evitación que identificaste en el ejercicio anterior. Escribe un activador en la parte superior de cada una de las siguientes tres listas. Luego, coloca una marca de verificación junto a cada reacción que tengas en respuesta. Finalmente, analizarás las formas en que estos comportamientos benefician o perjudican tus relaciones.

1. _____

Cuando esto sucede, yo...

- ☐ Me retraigo.
- ☐ Hago caso omiso.
- ☐ Me distraigo / Me mantengo ocupado.
- ☐ Me mantengo insensible / Me voy.
- ☐ No me tengo en cuenta o no tengo en cuenta a la otra persona.
- ☐ Rechazo mi experiencia o la de la otra persona.
- ☐ Me justifico / Racionalizo.
- ☐ Explico algo irrelevante.
- ☐ Tranquilizo a la persona, pero sin seguir pendiente de ella después.
- ☐ Otros: _____.

¿Qué gano al hacer estas cosas?

_____

_____

¿Qué me pierdo al hacer estas cosas?

_____

_____

¿Cuál sería una respuesta más constructiva a este activador?

_____

_____

2. _____

Cuando esto sucede, yo...

- ☐ Me retraigo.
- ☐ Hago caso omiso.
- ☐ Me distraigo / Me mantengo ocupado.
- ☐ Me mantengo insensible / Me voy.
- ☐ No me tengo en cuenta o no tengo en cuenta a la otra persona.
- ☐ Rechazo mi experiencia o la de la otra persona.

☐ Me justifico/Racionalizo.

☐ Explico algo irrelevante.

☐ Tranquilizo a la persona, pero sin seguir pendiente de ella después.

☐ Otros: _____.

¿Qué gano al hacer estas cosas?

_____

_____

¿Qué me pierdo al hacer estas cosas?

_____

_____

¿Cuál sería una respuesta más constructiva a este activador?

_____

_____

3. _____

Cuando esto sucede, yo...

☐ Me retraigo.

☐ Hago caso omiso.

☐ Me distraigo / Me mantengo ocupado.

☐ Me mantengo insensible / Me voy.

☐ No me tengo en cuenta o no tengo en cuenta a la otra persona.

☐ Rechazo mi experiencia o la de la otra persona.

☐ Me justifico / Racionalizo.

☐ Explico algo irrelevante.

☐ Tranquilizo a la persona, pero sin seguir pendiente de ella después.

☐ Otros: _____.

¿Qué gano al hacer estas cosas?

_____

_____

¿Qué me pierdo al hacer estas cosas?

_____

_____

¿Cuál sería una respuesta más constructiva a este activador?

_____

_____

Recuerda que todos estos comportamientos fueron aprendidos. Ninguno es culpa tuya, sí eres responsable de las consecuencias de estos comportamientos. Si estás satisfecho con cómo estas reacciones funcionan para ti, sigue actuando igual. Si ya no estás de acuerdo con los resultados, tienes el poder de cambiar los comportamientos que los causan.

El efecto en ti

Piensa en un momento en el que necesitabas ayuda o apoyo de alguien en particular y esa persona estaba ausente o se encontraba allí pero no parecía estar completamente presente.

¿Cuál fue el incidente?

_____

_____

_____

¿Qué recuerdas haber sentido?

_____

_____

_____

¿Qué pensamientos recuerdas haber tenido?

_____

_____

_____

¿Cómo se manifestó esa experiencia en tu cuerpo?

_____

_____

_____

Empatía en acción

Este ejercicio puede ser útil cuando te enfrentas a comportamientos evitativos que te hacen sentir decepcionado o desilusionado. Piensa en un momento específico de tu vida en el que sentiste que alguien importante estuvo ausente o menos comprometido cuando lo necesitaste. Elige un incidente que no sea demasiado activador en el momento presente.

Un momento en que alguien importante para mí me hizo sentir solo fue...

_____

_____

_____

En lugar de lo que hizo, me habría gustado que...

_____

_____

_____

La situación fue estresante para esta persona porque tiene dificultades con...

_____

_____

_____

Sé que esto fue estresante para esta persona porque...

_____

_____

_____

Se juzgó a sí misma o creyó que yo la juzgaba por
_____. Pero, en realidad, todavía está aprendiendo
a _____ y no siempre actúa de forma perfecta.
Cuando se siente abrumada, puede _____. Reacciona de forma refleja y olvida cuánto la necesito.

Puedes hacer esto con varios incidentes; con la práctica, desarrollarás un enfoque para afrontar estas situaciones en tiempo real y también podrías desarrollar una mayor comprensión y empatía hacia tu pareja evitativa.

Análisis de necesidades y deseos

Ahora, analiza un tema en una relación específica con el que no te sientas totalmente satisfecho. Si no te viene ninguna idea clara, simplemente haz una suposición. El objetivo es analizar tus pensamientos y deseos sobre esa relación en particular.

Cuando pienso en esta relación, lo que no me satisface es...

_____

_____

_____

_____

_____

Lo que me haría feliz sería...

_____

_____

_____

_____

_____

Si obtuviera lo que quiero, me sentiría…

_____

_____

_____

_____

_____

¿Cómo afectará esto a mi relación a largo plazo si nunca defiendo mis intereses en este tema?

_____

_____

_____

_____

_____

ESCALA DE PUNTUACIÓN: *¿Cuánto esfuerzo estoy dispuesto(a) a hacer para mantenerme firme en este tema? (Rodea con un círculo).*

1 2 3 4 5 6 7 8 9 **10**

Muy poco   **Todo**

Enfoque seguro frente a inseguro

En este ejercicio, tendrás la oportunidad de elegir una decisión que hayas tomado dentro de una relación y explorar las razones subyacentes a esa decisión según el apego seguro o inseguro.

Rellena tu propia hoja de trabajo, comenzando por una decisión que ya hayas tomado concerniente a una relación. Luego, escribe tus pensamientos y sentimientos sobre la decisión en la columna correspondiente (enfoque seguro o inseguro). A continuación, indica pensamientos y sentimientos que se ajustarían a la otra categoría, aunque sean hipotéticos. El objetivo es practicar para identificar si los pensamientos y sentimientos provienen de un lugar seguro o inseguro.

Decisión

La decisión es:

Enfoque inseguro:	Enfoque seguro:

Preguntas para tener en cuenta:

1. ¿Qué condiciones te ayudan a tener un enfoque seguro en una relación?
2. ¿Qué condiciones fomentan un enfoque inseguro?

Imagina una interacción segura frente a un conflicto

La mayoría de nosotros nos enredamos tanto en el ritmo acelerado de los conflictos que a veces no nos damos cuenta de cuando el otro nos está haciendo una ofrenda de paz. Si nos perdemos estos momentos, las peleas duran más y son más estresantes.

Recuerda alguna vez en la que estuvieras involucrado en un conflicto difícil en una relación que no salió bien y la otra persona reaccionó por miedo o dolor. Recuerda cómo fue esto: los sentimientos, los pensamientos y las sensaciones corporales que experimentaste en respuesta.

¿Qué hizo la otra persona que desencadenó tu reacción?

_____

_____

_____

_____

Ahora, imagina que la otra persona puede pensar y sentir más allá de sí misma, en lugar de solo estar asustada o herida, y puede hacer un esfuerzo real para comprender tu perspectiva. Imagínala como su versión más generosa y compasiva. Te habla con calma y te mira con un brillo cálido en los ojos. ¿Cómo te sientes ahora?

_____

_____

_____

_____

Probablemente te has sentido mejor. Esto es lo que sucede cuando sentimos que la persona que nos importa nos tiene en cuenta. Si es así, deja que esa sensación positiva te inunde. Ahora, imagina cómo mostrarías aprecio por esa respuesta diferente. ¿Cómo expresarías tu agradecimiento y animarías a la otra persona a seguir haciendo lo que ves y escuchas que está haciendo? (Ejemplo: «Le daría un abrazo, le daría las gracias y le diría cosas en las que creo que tiene razón»).

_____

_____

_____

_____

Puntos fuertes a la hora de relacionarse

¿Cuáles son tus puntos fuertes y los de tu pareja? Cuando interactúas con alguien que tiene un estilo de apego seguro, puede ser útil recordar tus puntos fuertes a la hora de relacionarte. Piensa en lo que cada uno aporta a la relación y en los dones que compartís. Si no estás trabajando en una relación romántica en este momento, piensa en cualquier otra relación significativa que tengas en mente, ya sea con tus padres, hermanos, mejores amigos o cualquier otra persona.

Ahora que has elegido una relación específica, ve a la columna «Yo» y pon una marca de verificación junto a cada rasgo que sea uno de tus puntos fuertes en la relación. Luego, ve a la columna «La otra persona» y haz lo mismo con los puntos fuertes de la otra persona en la relación.

Las formas en que cada uno contribuye a la relación pueden ser iguales o muy diferentes. Si son diferentes, trata de reconocer que algunas de las formas en que tu pareja comparte esas habilidades y talentos pueden resultarte desconocidas a veces. Si es así, trata de estar abierto a la nueva sensación de recibirlas de esta manera, poco a poco.

Yo	La otra persona	Puntos fuertes
		Sinceridad
		Ecuanimidad
		Disposición para esforzarse y trabajar duro
		Empatía
		Disposición para ser abierto
		Honradez
		Ser una fuente de inspiración
		Compromiso
		Colaboración
		Aceptar las debilidades
		Proporcionar apoyo
		Perseverancia en momentos difíciles
		Fiabilidad

Yo	La otra persona	Puntos fuertes
		Coherencia
		Capacidad para desafiar al otro de manera positiva
		Jugar y divertirse
		Sentido del humor
		Disposición para expresar gratitud y aprecio
		Disposición para hacer sacrificios
		Otro:
		Otro:

Recursos

Libros sobre el apego y las relaciones

- *We Do: Saying Yes to a Relationship of Depth, True Connection, and Enduring Love* [Sí, queremos: decir sí a una relación con profundidad, conexión verdadera y amor duradero], de Stan Tatkin.
- *Maneras de amar: la nueva ciencia del apego adulto y cómo puede ayudarte a encontrar el amor… y conservarlo,* de Amir Levine y Rachel S. F. Heller.
- *Conscious Lesbian Dating and Love: A Roadmap to Finding the Right Partner and Creating the Relationship of Your Dreams* [Citas y amor consciente entre lesbianas: un mapa para encontrar la pareja correcta y crear la relación de tus sueños], de Ruth L. Schwartz y Michelle Murrain.
- *How to Be an Adult in Relationships: The Five Keys to Mindful Loving* [Cómo actuar de manera adulta en las relaciones: las cinco claves para el amor consciente], de David Richo.
- *The New Rules of Marriage: What You Need to Know to Make Love Work* [Las nuevas reglas del matrimonio:

lo que necesitas saber para que el amor funcione], de Terrence Real.

- *El poder del apego: cómo crear relaciones profundas y duraderas,* de Diane Poole Heller.

Libro de ejercicios recomendado

- *Manual de habilidades de autocompasión: un plan de 14 días para transformar tu relación contigo mismo,* de Tim Desmond.

Retiros intensivos

- Proceso Hoffman: www.hoffmaninstitute.org [Hay una página española: www.institutohoffman.com].
- Retiros Wired for Love [Conectados para el amor] y Wired for Relationship [Conectados para las relaciones]: www.thepactinstitute.com.

Referencias

Bowlby, John. *A Secure Base: Parent-Child Attachment and Healthy Human Development* [Una base segura: apego entre padres e hijos y desarrollo humano saludable]. Nueva York: Basic Books, 1988.

Fosha, Diana, Daniel J. Siegel y Marion F. Solomon, eds. *El poder curativo de las emociones: neurociencia afectiva, desarrollo y práctica clínica*. Barcelona: Eleftheria, 2016.

Gottman, John M. *The Marriage Clinic: A Scientifically Based Marital Therapy* [La clínica del matrimonio: una terapia matrimonial basada en la ciencia]. Nueva York: Norton, 1999.

King, Larry. «Donald and Melania Trump as Newlyweds» [Donald y Melania Trump de recién casados]. Entrevista, *Larry King Live*, CNN, 17 de mayo de 2005. Vídeo, 16:02. https://www.youtube.com/watch?v=q4XfyYFa9yo.

Nummenmaa, Lauri, Enrico Glerean, Riitta Hari y Jari K. Hietanen. «Bodily Maps of Emotions» [Mapas corporales de emociones], *Proceedings of the National Academy of Sciences of the United States of America* 111, n.º 2 (enero de 2014): 646–651. https://doi.org/10.1073/pnas.1321664111.

Porges, Stephen. «The Neurophysiology of Trauma, Attachment, Self-Regulation and Emotions: Clinical
Applications of the Polyvagal Theory» [Neurofi-
siología del trauma, el apego, la autorregulación
y las emociones: aplicaciones clínicas de la teoría
polivagal]. Seminario en línea, 8 de abril de 2016.
Disponible en https://www.pesi.com/.

Schore, Judith R. y Allan N. Schore. «Modern Attachment
Theory: The Central Role of Affect Regulation in
Development and Treatment» [Teoría moderna del
apego: el papel central de la regulación del afecto en
el desarrollo y el tratamiento], *Clinical Social Work
Journal* 36, n.º 1 (marzo de 2008): 9–20. [Traducido
en: https://institutocuatrociclos.com/wp-content/
uploads/La-teoria-del-apego-moderna-de-
Allan-Schore-docx.pdf]

Sroufe, Alan y Daniel Siegel. «The Verdict Is In: The
Case for Attachment Theory» [El veredicto es
claro: el caso de la teoría del apego], *Psychotherapy
Networker* 35, n.º 2 (marzo de 2011): 35–39. [Tradu-
cido en: https://ambulatorioemocional.wordpress.
com/2019/06/29/el-veredicto-es-claro-el-caso-
de-la-teoria-del-apego/]

Tatkin, Stan. *PACT Training Manual: Module One [Manual de
formación de PACT: modulo 1]*. Agoura Hills, California:
PACT Institute, 2016.

Índice temático

Agradecimientos

Estoy eternamente agradecida a mi mentor y maestro, Stan Tatkin, quien me ha enseñado que la seguridad y la protección son indispensables para el ser humano en las relaciones. Su brillante e influyente trabajo continúa inspirándome, lo que me impulsa a ser mejor terapeuta, escritora y compañera en las relaciones.

Gracias a mis ancestros por sus bendiciones. Todo se lo debo a mi madre, Yue Chang Chen, y a mi hermano, Addison Chen, quienes me apoyan, evolucionan conmigo y me demuestran que la familia permanece unida.

Gracias a todos los que han dedicado su tiempo a desarrollar la autoevaluación del apego. Sus aportaciones originales fueron exactamente lo que necesitaba cuando estaba absorta con los plazos de entrega. El cuestionario y el libro no serían lo que son sin todos ellos. Muchas gracias a Diana Wu, Julio Ríos, Tamara Chellam, Alexander Aris, Evan Schloss, Vanessa Díaz y Mona Kim.

Por último, agradezco a mis editoras por ayudarme a compartir este trabajo con más personas. Camille Hayes me dio la oportunidad de escribir mi primer libro y me animó a dar lo mejor de mí. El toque editorial de Lori Handelman hizo que las ideas fueran más claras y equilibradas. Las palabras de aliento de ambas me hicieron creer aún más en este libro.

Acerca de la autora

Annie Chen es terapeuta matrimonial y familiar, y ejerce en su consulta privada en Oakland (California, Estados Unidos) especializada en la terapia de pareja. Cuenta con un máster en psicoterapia y otro en psicología de procesos (Process Work, PW). Algunas cosas que le gustan son las setas, el tejido de lino, cuidar su jardín, la meditación y los pequeños actos revolucionarios que desafían al sistema. Si quieres recibir noticias sobre Annie o trabajar con ella, visita ChangeInsight.net.